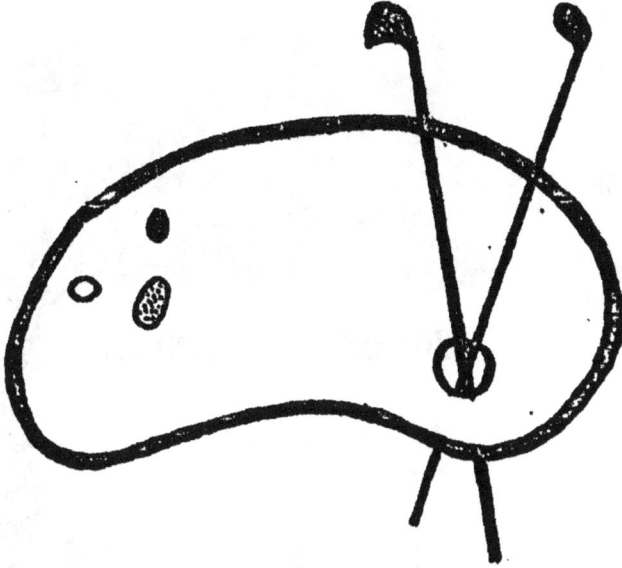

DEBUT D'UNE SERIE DE DOCUMENTS
EN COULEUR

BIBLIOTHÈQUE NATIONALE

MÉMOIRES

DE

BEAUMARCHAIS

TOME I

PARIS
Librairie de la BIBLIOTHÈQUE NATIONALE
L. PFLUGER, Éditeur
Passage Montesquieu, 5, rue Montesquieu
PRÈS LE PALAIS-ROYAL

Le Volume broché, 25 c. Franco partout, 35 c.
CHEZ TOUS LES LIBRAIRES
Et dans les Gares de Chemins de Fer

Bibliothèque Nationale. — Volumes à 25 c.
CATALOGUE AU 1er JANVIER 1895

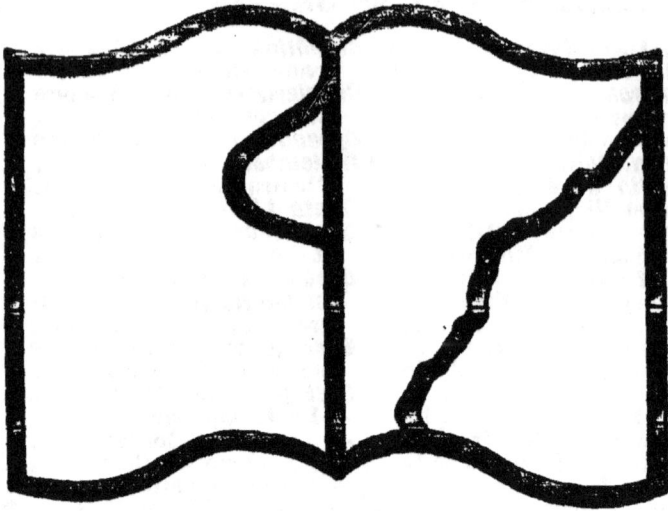

Prévost. Manon Lescaut... 1
Quinte-Curce. Histoire d'A-
  lexandre le Grand....... 3
Rabelais. Œuvres......... 5
Racine Esther Athalie.... 1
— Phèdre. Britannicus..... 1
— Andromaque. Plaideurs. 1
— Iphigénie, Mithridate.... 1
— Bérénice, Bajazet....... 1
Regnard. Voyages......... 1
— Le Joueur. Folies...... 1
— Le Légataire universel. 1
Roland (Mme**)** Mémoires.... 4
Rousseau (J.-J.) Emile, iv.;
  Contrat social, 1 v.; De
  l'Inégalité, 1 v.; La Nou-
  velle Héloïse, 5 vol ; Con-
  fessions 5
Saint-Réal. Don Carlos, Con-
  juration contre Venise.. 1
Salluste. Catilina, Jugurtha. 1
Scarron. Roman comique... 3
— Virgile travesti......... 3
Schiller. Les Brigands..... 1
— Guillaume Tell......... 1
Sedaine Philosophe sans le
  savoir. La Gageure...... 1
Sévigné (Mme **de).** Lettres
  choisies............... 2
Shakespeare. Hamlet, 1 v.;
  Roméo et Juliette, 1 v;
  Othello, 1 v.; Macbeth,
  1 v.; Le Roi Lear, 1 v.;
  Le Marchand de Venise,
  1 v.; Joyeuses Commères,

  1 v ; Le Songe d'une Nuit
  d'été, 1 v ; La Tempête,
  1 v.; Vie et Mort de Ri-
  chard III, 1 v.; Henri VIII,
  1 v.; Beaucoup de bruit
  pour rien, 1 v.; Jules César 1
Sterne. Voyage sentimental
  — Tristram Shandy........ 4
Suétone. Douze Césars.... 2
Swift Voyages de Gulliver. 2
Tacite. Mœurs des Germains 1
— Annales de Tibère...... 2
Tasso. Jérusalem délivrée. 2
Tassoni. Seau enlevé...... 1
Tite-Live. Histoire de Rome 2
Vauban. La Dîme royale... 1
Vauvenargues. Choix 1
Virgile. L'Enéide.......... 2
  Bucoliques et Géorgiques 1
Volney Les Ruines. La Loi
  naturelle 2
Voltaire Charles XII, 2 v ;
  Siècle de Louis XIV, 1 v.;
  Histoire de Russie, 2 v ;
  Romans, 5 v.; Zaïre, Mé-
  rope. 1 v.; Mahomet, Mort
  de César, 1 v ; La Hen-
  riade, 1 v.; Contes en vers
  et Satires, 1 v.; Traité sur
  la Tolérance, 2 v.; Corres-
  pondance avec le roi de
  Prusse............. 1
Xénophon. Retraite des Dix
  Mille. 1
— La Cyropédie........... 2

Le vol. broché, **25** c.; relié, **45** c.; F°, **10** c. en sus par volume.

Nota. — Le colis postal diminue beaucoup les frais de port :
1 colis de 3 kil. peut contenir 38 vol brochés ou 34 reliés; celui de
5 kil., 65 vol. brochés ou 55 reliés.

Adresser les demandes affranchies à M. L. PFLUGER, éditeur
passage Montesquieu, r. Montesquieu, près le Palais-Royal, Paris

Dictionnaire de la Langue française usuelle, de 416 pages
Prix, cartonné, 1 fr.; franco, 1 fr. 20.

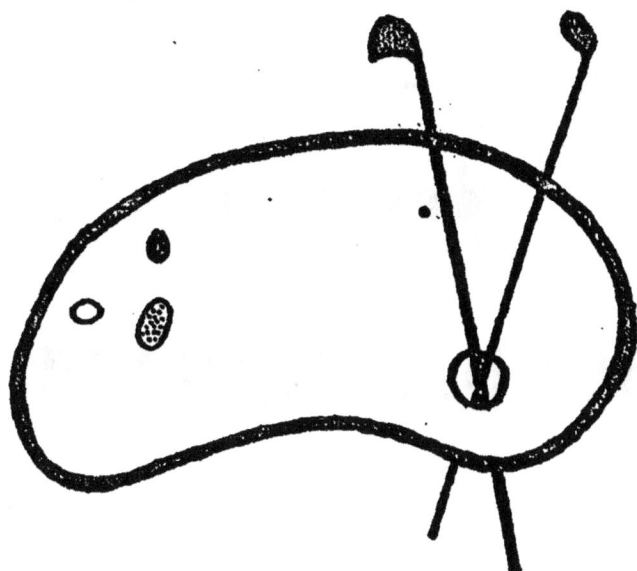

FIN D'UNE SERIE DE DOCUMENTS
EN COULEUR

BIBLIOTHÈQUE NATIONALE

COLLECTION DES MEILLEURS AUTEURS ANCIENS ET MODERNES

———

MÉMOIRES

DE

BEAUMARCHAIS

——

TOME PREMIER

——

PARIS

LIBRAIRIE DE LA BIBLIOTHÈQUE NATIONALE

PASSAGE MONTESQUIEU (RUE MONTESQUIEU)

Près le Palais-Royal

—

1895

BEAUMARCHAIS

Les figures originales n'ont pas manqué en
France à la fin du dix-huitième siècle ; les
écrits des Voltaire et des Rousseau avaient
de longue main préparé les idées de liberté
et d'égalité qui devaient faire sortir de la
foule tous ceux que leur condition sociale
avait prédestinés à cette fatale obscurité et à
ce manque d'influence sur la marche générale des événements qui révoltent instincti-
vement les ardentes natures douées à leur
naissance de ce *mens divinior* qui fait les hommes supérieurs. Au milieu de cette foule dont
les travaux et les idees vont préparer le mouvement de rénovation qui marquera la fin de
ce siècle, les yeux s'arrêtent avec une complaisance toute particulière sur Pierre-Au-
gustin Caron de Beaumarchais, physionomie
multiple et cependant française entre toutes,
dont les traits mobiles ont été à grand'peine
fixés sur la toile de l'histoire par les représen-
tants les plus autorisés de la critique mo-
derne. Après la remarquable et complète étude
de M. de Loménie (*Beaumarchais et son temps*,
2 vol. in-8, 1856), il ne reste plus rien de neuf
à dire sur le comédiste, le pamphlétaire, le
spéculateur qui a eu le bonheur de créer pour

le théâtre national un nouveau type et le malheur de s'incarner si profondément dans ce type original, que la renommée de l'homme en souffre encore aujourd'hui. Si le jugement de la postérité n'a pas été en tout favorable à Beaumarchais, on ne saurait contester l'immense part qu'il a prise à dégager des brouillards du passé l'aurore d'un nouvel ordre de choses auquel nous avons dû les précieuses conquêtes que le temps ne peut manquer d'étendre encore. Il est donc de notre devoir de passer succinctement en revue les diverses phases de l'existence tourmentée et remuante de cet écrivain de second ordre, qui, loin de s'abstraire du milieu social, comme le faisaient de longue date ses prédécesseurs, a pu infuser du sang jeune dans le corps appauvri de l'ancien art littéraire de la France, ce qui n'a pas été à coup sûr œuvre petite et inutile.

Beaumarchais est né à Paris, le 24 janvier 1732. Le jeune Caron (le seul nom qu'il ait eu réellement le droit de porter) appliqua ses premières aptitudes à l'art de l'horlogerie ; à l'âge de vingt et un ans, il fut reconnu par l'Académie des sciences inventeur d'un nouvel échappement qui ajoutait aux progrès de sa profession et le plaçait en première ligne parmi les artistes qui l'honoraient. Grimm ajoute à ce propos : « Il valait mieux faire de bonnes montres qu'acheter une charge à la cour, faire le fendant et composer de mauvaises pièces pour Paris. » Il joignait à cette facilité de conception toute spéciale nombre d'autres aptitudes qui annonçaient en germe l'homme multiple dont nous avons parlé. Passionné pour la musique, et surtout pour la harpe, dont il avait perfectionné le mécanisme, il dut à ce talent secondaire la singulière faveur d'être appelé à

donner des leçons de musique aux filles de
Louis XV. De là l'origine de sa fortune, successivement augmentée par les dots de ses
deux premières femmes. Cette fortune fut
compromise par la perte d'un procès, mais
cette circonstance fut pour lui la source d'é-
vénements qui rétablirent ses affaires et con-
tribuèrent à lui donner la célébrité. Tandis
qu'il suivait le procès en question, il eut une
affaire d'honneur avec un duc (le duc de
Chaulnes) pour cause de galanterie. La contes-
tation fut portée devant le tribunal des maré-
chaux de France; le duc fut envoyé par une
lettre de cachet dans un château-fort et Beaumarchais au For-l'Évêque. Pour accélérer le
jugement de son procès, il accepta, après sa
détention, la proposition qui lui fut faite de
donner quinze louis à la femme d'un conseiller au Parlement pour obtenir une audience
de son mari; les quinze louis donnés, et qui
furent sans effet, devinrent l'origine d'un autre procès dans lequel il fit ces *Mémoires* célè-
bres qui ont tant contribué à établir sa réputation, et que nous donnons complets, après
les avoir collationnés sur les éditions du temps,
contrairement à ce qu'ont fait certains édi-
teurs peu scrupuleux.

Ces mémoires excitèrent l'admiration universelle; Voltaire en parlait avec enthousiasme, l'abbé Sabatier, qui, certes, ne prodi-
guait pas les éloges, ne trouve rien de plus
original ni de mieux écrit que les mémoires
de Beaumarchais contre Goëzman; la raison
s'y trouve assaisonnée du sel de la meilleure
plaisanterie, le quatrième surtout annonce
un écrivain qui connaît les sources de la persuasion, et qui sait profiter de la dextérité de
son esprit pour tourner contre eux-mêmes les
armes de ses adversaires. N'eût-il fait que ce
mémoire, l'auteur mériterait de figurer dans

le petit nombre des gens de lettres qui, au mérite d'écrire avec autant de clarté que de correction, réunissent le talent de nourrir la curiosité des lecteurs par un style aussi varié que piquant. Ces curieux pamphlets judiciaires fixaient l'attention de tout Paris, et telle est la force de la vérité, l'influence de l'esprit, que le même Grimm qui avait poursuivi Beaumarchais de ses plus acerbes plaisanteries, lorsqu'il se mettait à juger l'auteur dramatique, écrivait :

Le 13 de ce mois (février 1774), il a répandu dans le public un nouveau mémoire sur cette affaire avec M. Goëzman. C'est un morceau charmant, plein d'éloquence, d'intérêt, de plaisanterie et de pathétique. On y trouve cependant quelques paragraphes un peu trop longs, quelques plaisanteries déplacées, et un ton un peu trop romanesque dans le récit d'une aventure qui lui est arrivée en Espagne (1) : mais un trait de plume corrigerait ces légers défauts, qui sont rachetés par des beautés très-réelles et par une originalité inimitable. Sans sortir de son sujet, paraissant, dans ses interrogatoires, ne répondre à ses juges que conformément à leurs questions, il a trouvé le secret de traiter celle de l'arbitraire, de faire sentir tout ce qu'il a d'abusif et de révoltant, et toujours avec force, mais sans employer un seul mot, une seule expression d'après laquelle on puisse l'attaquer. Le recueil de ses *Mémoires* deviendra d'autant plus précieux que, tel que soit le jugement qui sera incessamment prononcé, les mémoires seront vraisemblablement défendus ou supprimés. Nous avons peu de romans et d'écrits polémiques aussi intéressants, aussi piquants et aussi gais.

Ce qu'avait prévu Grimm ne tarda pas à se réaliser. On ne pourrait résumer plus complétement qu'il ne l'a fait le jugement rendu et l'effet produit dans le public: aussi ne sau-

(1) L'affaire Clavijo, qui a inspiré à Goethe un drame intéressant, composé en 1774 et traduit pour la première fois en 1782, par Friedel (t. Ier du *Nouveau Théâtre allemand*, 12 vol. in-8°).

rions-nous mieux faire que de céder la parole à l'auteur de la *Correspondance littéraire, philosophique et critique adressée à un souverain d'Allemagne* (voir tome III de l'édition Buisson; Paris, 1812).

C'est le 26 février 1774 que le procès de M. de Beaumarchais a été jugé; par cet arrêt M. Goezman est mis hors de cour, et tout juge mis hors de cour dans une affaire criminelle devient, par là même, incapable d'exercer à l'avenir aucune charge de judicature). Madame Goezman est condamnée au blâme et à la restitution des quinze louis, pour être appliqués aux pauvres; en outre, à trois livres d'amende, M. de Beaumarchais est condamné pareillement au blâme et à trois livres d'amende. Ses mémoires ont été lacérés et brûlés par l'exécuteur de la justice, comme contenant des expressions et des imputations téméraires, scandaleuses et injurieuses à la magistrature en général, à aucun de ses membres, et diffamatoires envers différents particuliers. Le même arrêt fait défense audit Caron de Beaumarchais de faire à l'avenir de pareils mémoires, sous peine de punition corporelle, et, pour les avoir faits, le condamne à aumôner douze livres; il fait aussi défense à MM. Bidaut, Ader, Malbête, de plus à l'avenir autoriser de pareils mémoires par leurs consultations, sous telles peines qu'il appartiendra. Les sieurs Bertrand Dairolles et Lejay sont condamnés à être admonestés et à aumôner chacun la somme de trois livres. Toutes les autres parties intéressées dans cette affaire sont mises hors de cour.

Le public, qui se permet de juger sans avoir vu les pièces du procès, ne paraît guère plus content de ce jugement que de celui de M. de Morangies, et le parterre de la Comédie française, qui depuis quelque temps s'est arrogé le droit d'applaudir ou de siffler les arrêts de la cour, l'a témoigné assez vivement à l'occasion de *Crispin rival de son maître*, comme il avait eu l'insolence de le faire dans la *Réconciliation normande*, à propos de l'affaire de M. de Morangies. Quand Crispin dit : « Il en a bien coûté à mon père pour finir son procès; mais la justice est une si belle chose qu'on ne saurait trop la payer. » toute la salle retentit des applaudissements les plus indécents. Les éclats de rire ont redoublé quand il dit : « Il est vrai que sa partie était une femme; mais elle avait pour conseil un Normand, le plus grand chicaneur du monde.» Les noms de Goëzman et de Marin ont volé de toutes parts avec un murmure sourd et railleur. Quelque indiscrètes que soient ces allusions, il serait difficile de les prévenir. Après tout, loin de nuire, ne servent-elles pas à éclairer le gouvernement sur l'opinion du peuple? L'autorité qui les tolère sait bien que ses seuls juges sont la nation et la postérité; sûre de leurs suffrages, que lui importent les saillies et les clameurs impuissantes d'une populace oisive et légère?

Sans pouvoir excuser absolument la conduite de M. de Beaumarchais, même à n'en juger que d'après ses propres mémoires, on ne peut s'empêcher de le plaindre. Puisque M. Goëzman, qui l'accusait de corruption a été mis hors de cour, il n'est donc pas clairement prouvé qu'il soit coupable. L'intention seule du crime doit-elle être punie comme le crime même? Et cette intention paraît-elle seulement bien constatée? Les propres dépositions de sa partie adverse ne semblent-elles pas la détruire? Or, le premier principe de toute jurisprudence criminelle est que, pour punir un crime quelconque, il faut qu'il soit prouvé plus clair que le jour, *clarior luce*.

M. de Beaumarchais redemande quinze louis à madame Goëzman, et l'arrêt pense que ces quinze louis étaient injustement retenus par elle. Il se défend de la plainte intentée contre lui par M. Goëzman, et l'arrêt met M. Goëzman hors de cour. Il hasarde plusieurs imputations injurieuses contre Marin : Marin demande que Beaumarchais soit puni comme calomniateur, et Marin est mis hors de cour. Cependant M. de Beaumarchais est condamné au blâme, punition infamante, qui le dépouille pour ainsi dire de toute son existence civile. Il faudrait nécessairement avoir les pièces du procès sous les yeux pour concilier tant de disparates. On eût désiré du moins que le délit par lequel M. de Beaumarchais a pu encourir une peine aussi rigoureuse eût été articulé plus positivement. Ce qui paraît le plus clair dans toute cette affaire, c'est que, sous aucun prétexte, il ne faut jamais offrir de l'argent à la femme de son juge; c'est que, quelque esprit que l'on ait, il ne faut jamais l'employer à être le délateur de qui que ce soit, lorsque l'intérêt de notre propre sûreté ou l'obligation de notre état ne nous y force point. Le métier de déla-

tour n'est bon que dans une république vertueuse;
dans tout État corrompu, et surtout dans une mo-
narchie, il devient infiniment dangereux et ne saurait
être toléré.

Le public se passionne aisément pour quiconque
l'amuse, surtout lorsque l'esprit de parti s'en mêle le
moins du monde; mais l'intérêt qu'inspire un pareil
succès n'est pas durable, et l'on en jouit rarement
sans le payer fort cher.

Quoi qu'il en soit de l'opinion des contem-
porains de Beaumarchais sur la hardiesse
d'un plaideur qui osait rompre en visière avec
l'humble attitude prise d'ordinaire par ceux
qui défendent ce qu'ils croient leur droit, le
sentiment public était favorable au vigoureux
champion d'une cause assez véreuse par elle-
même, mais qui, soutenue par cette verve in-
cisive répandue à un si haut degré dans le
Barbier de Séville et le *Mariage de Figaro*, at-
tira à Beaumarchais tant de marques de considération, comme le constate un éditeur des
Mémoires (1830) qui, comme nous le faisons,
n'a pas voulu priver les lecteurs de la moindre partie de cette curieuse série.

Non-seulement, ajoute-t-il, les personnes les plus
qualifiées se firent écrire à sa porte, comme s'il lui
fût arrivé l'événement le plus honorable, mais le
prince de Conti, le plus fier des princes de la famille
royale, passa chez lui, et y laissa un billet; il lui fit
même l'honneur de le venir chercher dans la maison
où il s'était retiré; il l'invita à souper avec toute sa
cour, en disant qu'ils étaient d'assez bonne maison
pour donner l'exemple de la manière dont on devait
traiter un homme qui avait si bien mérité de la
France. On le suivait partout pour l'applaudir. Ses
mémoires étaient si recherchés et si estimés, que ses
juges craignaient, autant que ses parties adverses,
qu'il n'en publiât de nouveaux. Ils n'osèrent exécuter
sur lui leur propre jugement. M. de Sartines, chargé,
comme lieutenant de la police, de la surveillance générale, et qui avait appris par cette surveillance
même à bien connaître Beaumarchais et à l'estimer,
lui dit en riant qu'il ne suffisait pas d'être blâmé.

qu'il fallait encore être modeste, et lui recommanda
de ne rien écrire sur cette affaire : le roi, lui dit-il,
désire que vous ne publiez plus rien. Beaumarchais
lui promit de garder le silence le plus absolu pendant
les cinq premiers mois des six que la loi accordait
aux plaideurs mécontents pour appeler d'un jugement qu'ils trouvaient inique. Cette parole donnée,
il se retira en Angleterre, non comme fugitif, mais
pour donner au roi la preuve que son silence n'était
pas l'effet de la crainte, qu'il ne procédait que de
son respect. En arrivant à Londres, la sphère de ses
idées s'étendit encore ; il conçut des projets vastes et
utiles pour la France ; les circonstances demandaient
un génie entreprenant et courageux, tel que le sien
venait de se montrer. Peu de temps après, Louis XV
le rappela, et le chargea d'une commission difficile ;
il s'en acquitta avec une telle habileté et une telle sagesse, que Louis XVI, peut-être assez peu disposé à
se servir des gens à qui son aïeul avait marqué quelque prédilection, l'honora de la même confiance, le
chargea d'une autre mission qui exigeait encore plus
de circonspection, et lui donna un billet écrit de sa
propre main pour lui servir de lettre de créance. Si ce
fut pour lui une source de nouveaux succès, ce fut
aussi une source de nouvelles calomnies. Des ennemis plus cachés, plus ardents, plus dangereux, s'ap-
pliquèrent à suivre toutes ses démarches, à les enve-
nimer, à lui nuire. Ces diverses commissions l'occu-
pèrent pendant deux années. Le temps d'appeler du
jugement porté contre lui s'était écoulé : ses ennemis
se flattaient qu'il ne s'en relèverait jamais. Louis XVI
avait renvoyé le Parlement de 1771, et rappelé les
anciens magistrats. Le roi, content de la conduite de
Beaumarchais, lui donna des lettres patentes qui le
relevèrent du laps de temps perdu depuis le jugement
du 6 février 1774. Elles sont datées du 12 août 1776.
On y lisait : « Le sieur de Beaumarchais n'est sorti
du royaume que par mes ordres et pour notre service. » Elles furent enregistrées le 27 août. » Alors il
demanda *la rétractation* de ce jugement *par voie
de requête civile*. Les avocats, MM. Etienne Rochette,
Ader et Target, déclarèrent dans leur consultation
qu'il n'y avait eu de la part de Beaumarchais ni *corps
de délit ni apparence de délit*. Ce sont leurs termes.
Je vois le lecteur s'arrêter à ces mots et demander
avec étonnement : comment un procès criminel peut-il
être intenté avant qu'un corps de délit ait été cons-

taté? Sur quoi informe-t-on quand aucun délit n'a
été commis? Et contre qui peut-on informer si aucun
délit n'annonce un coupable? Constater un délit
n'est-il pas un préliminaire nécessaire à toute accusation? Si personne n'a été assassiné, si nul objet
n'a été volé, si nul complot n'a été ourdi, comment
recherchera-t-on un meurtrier, un voleur, un conspi-
rateur? Le lecteur qui s'en étonne sera peut-être encore plus surpris quand il saura que Me Target, dans
le plaidoyer qu'il fit pour Beaumarchais devant le
parlement, dit à la cour que les juges en prononçant
« sur cet homme honoré de la confiance de son roi,
employé pour son service, et mémorable exemple de
l'injustice juridique et de la justice nationale, avaient
craint d'expliquer le délit pour lequel ils le condam-
naient.

« Ils l'ont condamné, ajoute-t-il, pour les cas résultant du procès, mots que les cours ajoutent quelquefois sur l'appel d'une sentence qui constate le
crime; mais en première instance, flétrir, dégrader
un citoyen, le condamner à plus qu'à la mort, et cela
pour les cas résultant du procès, c'est proscrire, et
non pas juger; c'est faire du mal et non pas punir;
c'est parler le langage de la vengeance et non pas de
la loi. L'accusé ignore son crime, le public peut les
soupçonner tous, il n'est instruit de rien; et le principal effet de la peine est perdu; appliquée à l'homme,
et non pas au crime, elle n'en réprime et n'en arrête
aucun; la terreur s'empare des cœurs honnêtes, et la
crainte n'arrive pas au cœur des méchants.

» La loi annule les condamnations vagues, genre
d'oracle mystérieux et terrible, qui peut perdre l'innocence sans intimider les coupables. »

Ces paroles de Me Target démontraient assez à quel
point les lois et même les simples notions du juste et
de l'injuste avaient été violées à l'égard de son client;
elles produisirent leur effet.

M. Séguier, avocat général, porta la parole après
Me Target, et conclut à l'entérinement de la requête
civile; et à ce que *les parties fussent mises en tel
et semblable état qu'elles étaient le jour du 26 février 1774.*

Le Parlement rendit un arrêt qui annula ce jugement, entérina la requête civile, remit les parties au
même état où elles étaient avant ledit jugement, et
réhabilita Beaumarchais dans tous ses droits; je dis
dans ses droits plutôt que dans son honneur, car l'o-

pinion publique, fortement prononcée, témoignait
assez qu'il ne l'avait point perdu, qu'il n'avait pas
même été entaché.

Nous aurions pu, comme on l'a fait assez
légèrement, nous borner à publier les mémoires relatifs au procès contre Goëzman, mais il
nous a semblé que ce n'était pas faire connaître tout entier le spirituel pamphlétaire
qui venait de créer un nouveau genre de défense, comme il avait déjà apporté un nouveau type au théâtre. Il était indispensable de
publier les autres mémoires de Beaumarchais
dans lesquels, plaidant *pro domo sua*, sans être
absous cette fois par la complicité de la malignité publique, il défendait ses intérêts personnels au lieu de mettre à nu les plaies d'un
système judiciaire de jour en jour plus mal
étayé par ceux qui étaient chargés de le rendre respectable. Nous ne nous dissimulerons
pas que les derniers mémoires ne s'élèvent
pas à la même hauteur que les premiers, pas
plus que la *Mère coupable* ne vaut les deux
premières parties de la trilogie figaresque.
On pourrait trouver les raisons de cette faiblesse d'intérêt toute relative dans l'affaiblis-
sement inévitable des facultés d'un homme
qui avait si largement prodigué, gaspillé, si
l'on veut, sa vie à tant d'entreprises contra-
dictoires, à tant d'ambitions diverses, qu'elles
eussent suffi à donner ample besogne à vingt
hommes ordinaires.

Un coup d'œil rapide sur les circonstances
de la vie du plaideur *blâmé* par ceux-ci, loué
par ceux-là, fera mieux comprendre ce qu'il y
avait en lui de vitalité de conception, admi-
rer cette vigueur personnelle d'un croquant
né pour l'obscurité, regimbant contre ce lot
immérité, et qui, en fin de compte, parvint à
réaliser la plupart de ses espérances, jusqu'au
jour où il s'éteignit usé par l'excès d'activité

qu'il avait déployée dans le cours de son existence accidentée. Le succès de ses hardiesses
et l'engouement dont le public fut pris pour
son amuseur le firent donc regarder comme
une victime, et il devint l'objet de la curiosité
générale. Une jeune femme, recommandable
par son esprit et sa beauté, qui cherchait à
associer sa vie à celle d'un homme célèbre, fut
mise en relations avec Beaumarchais, et ne
tarda pas à lui faire partager sa fortune en
l'épousant.

Son procès relatif à la succession dont il
avait été frustré fut repris; il le gagna, et à
cette époque cessèrent, jusqu'à la Révolution,
les épreuves qui semblaient n'avoir traversé
sa carrière que pour donner à son nom tous
les genres de célébrité. Il consacra dès lors sa
fortune et ses loisirs à des objets d'utilité publique. Il fut employé dans quelques affaires
politiques par les comtes de Maurepas et de
Vergennes. Il combattit les difficultés qui
s'opposaient à l'établissement de la caisse
d'escompte, et réussit à vaincre ces difficultés ; il réussit également dans le projet formé
par une compagnie d'élever une pompe à feu
pour fournir de l'eau à toutes les maisons de
Paris. Il contribua à la réussite d'un plan
formé par le commerce de Lyon en faveur des
femmes pauvres. Après la mort de Voltaire,
il voulut élever à ce grand homme un monument typographique digne de sa gloire. Il
acheta la totalité de ses manuscrits, se pro-
cura les caractères de Baskerville, les plus
beaux de l'Europe, loua pour dix-huit ans le
fort de Kehl, fit fabriquer dans les Vosges
un papier pareil aux plus beaux de la Hollande,
rassembla les meilleurs ouvriers français et
n'épargna rien pour l'exécution de ce projet.
Puis, par suite de cet esprit de contradiction
qui avait dirigé toutes ses actions, l'ancien

maître de musique des filles d'un roi de France, électrisé à la nouvelle de l'insurrection américaine, fait fabriquer des fusils, construire des vaisseaux, équiper des hommes, organise un système d'approvisionnement et contribue de toutes ses forces au triomphe de cette insurrection, qui allait aboutir, aux yeux du monde stupéfait, à une république dont les principes régénérateurs devaient rayonner à bref délai sur la vieille Europe en délabre.

Le succès couronnait toutes les entreprises de Beaumarchais; sa fortune devint prodigieuse. Il l'employa à l'embellissement de Paris, en construisant des maisons d'une architecture empruntée aux modèles venus d'Italie. Il se proposait de faire construire un pont sur la Seine, en face du boulevard qui touchait sa maison, boulevard qui porte son nom aujourd'hui, et il allait faire exécuter ce projet lorsque la Révolution vint se jeter au-devant de ses projets. Ses richesses lui avaient fait des envieux ; en août 1792, il fut accusé de cacher des armes dans un souterrain ; sa maison fut envahie, il s'échappa par une porte secrète de son jardin, se réfugia chez un de ses amis; là, on fit une perquisition dont il se crut l'objet, et il passa par toutes les inquiétudes inséparables de ces temps de troubles, fut arrêté, conduit a l'Abbaye, puis remis en liberté. Il quitta Paris, fut chargé d'une mission en Angleterre et ne rentra en France que lorsqu'il se crut assuré de sa liberté et de sa vie. Toutes ces vicissitudes avaient fortement ébréché sa fortune; mais avec son énergie et son sang-froid des jours plus heureux, il se mit à la tâche pour la reconstituer ; il était en bonne voie pour arriver à ce résultat, lorsque, dans la nuit du 29 au 30 floréal an VII (19 mai 1799), il mourut subitemer   frappé d'un coup de

sang. Il avait soixante-sept ans, et sa vigoureuse constitution lui promettait encore de
longs jours; mais il faut reconnaître que dès
longtemps il avait donné toute sa mesure.
L'extrême diversité de ses talents et de ses entreprises rendra longtemps son nom célèbre (1). Nous avons fait entrevoir ce qu'avait
été le spéculateur; le nom de l'auteur dramatique a, heureusement pour sa mémoire,
primé le bâtisseur de projets; on oubliera
l'horloger, le musicien, le lieutenant de louve-

(1) Voici la liste des ouvrages de Beaumarchais :
Quatre *Mémoires contre Goëzman*, conseiller de
grand'chambre, madame Goëzman et le sieur Bertrand; Paris, 1773 et 1774, in-4°; — *Mémoires contre
Falcoz-Lablache*; Aix, 1775-1778, in-4°; — *Mémoires
en réponse à celui signé Guillaume Kornmann*;
Paris, 1787, in-4°; — *Mémoires à Lecointre, de Ver-
sailles, son dénonciateur*, ou *Mes six époques*; Paris,
1793. — THÉÂTRE : *les Deux Amis*, ou *le Négociant de
Lyon*, drame en 5 actes, représenté le 13 janvier 1770,
imprimé à Paris, même année, in-8°; *Eugénie*, drame
en 5 actes, représenté le 25 juin 1767; *le Barbier de
Séville*, ou *la Précaution inutile*, comédie en 5 actes,
puis en 4 actes, représentée le 23 février 1775, in-8°; *la
Folle Journée*, ou *le Mariage de Figaro*, comédie en
5 actes, représentée le 27 avril 1784, imprimée à Paris,
1785, in-8°; *Tarare*, opéra en 5 actes, représenté le 8 juin
1787, in-4°; *la Mère Coupable*, drame en 5 actes, représenté le 26 juin 1792, in-8°. — Les œuvres complètes
de Beaumarchais ont été publiées en 1809, 7 vol. in-8°,
avec gravures, puis en 1821-1825, 6 vol. in-8°. — L'é-
dition in-18 de son *Théâtre*, Paris, Didot, 1863, est
précédée d'une savante notice d'Auger. — On a, à plusieurs reprises, réédité isolément chacune des pièces
qui composent ce *Théâtre*, à l'exception de *Tarare*,
laissé à juste titre dans les limbes des bibliothèques
publiques. Citons encore l'édition des *Mémoires* pu-
bliée par la *Bibliothèque des Amis des lettres*; Paris, 1830, 4 vol. in-18. Nous signalerons enfin celle des
frères Garnier, 1859, in-18, précédée d'une étude de
M. Sainte-Beuve, contenant seulement les *Mémoires*
relatifs à l'affaire Goëzman.

terie des chasses du Louvre, l'imprimeur-
libraire, l'armateur; personne n'ignorera des
deux plus remarquables comédies du dix-huitième siècle; quant au dramaturge, il n'aura
pas été beaucoup plus heureux que Diderot,
comme lui affolé de théories, et le désarçonné
librettiste d'opéra ne compte pas. Aussi, dans
le bagage dramatique de Beaumarchais, nous
avons dû nous arrêter à ses chefs-d'œuvre
(voir les tomes xxiii et xxiv de la *Bibliothèque
nationale*), et bien nous en a pris. Malgré l'é-
tendue de ses *Mémoires*, nous avons cédé, en
les rééditant une fois de plus, aux désirs de
nos bienveillants souscripteurs; nous avons
la confiance que nous aurons ainsi donné
satisfaction à tous ceux qui, en France, aiment
encore l'esprit et le courage, en dépit des éner-
vements de l'heure présente.

N. DAVID

MÉMOIRES

DE BEAUMARCHAIS

MÉMOIRE A CONSULTER

POUR P.-A. CARON DE BEAUMARCHAIS

—

Pendant que le public s'entretient d'un procès dont le fond et les détails excitent sa curiosité; pendant que les gazetiers (1), vendus aux intérêts de différents partis, le défigurent de toutes les manières; pendant que les méchants accumulent sur moi les plus absurdes calomnies, et ne disputent que sur le choix des atrocités; enfin pendant que les honnêtes gens consternés gémissent sur la foule de maux dont un seul homme peut être à la fois assailli : laissons jaser l'oisiveté, dédaignons les libelles, plaignons les méchants, rendons grâces aux gens honnêtes, et présentons ce

(1) Les gazettes étrangères. Toutes les méchancetés qu'elles contiennent se fabriquent à Paris. Celui qui va payer un paragraphe à certain bureau de cette ville est toujours sûr d'y faire dénigrer qui bon lui semble à juste prix. *C'était vrai alors.*

mémoire à mes juges, comme un hommage
public de mon respect pour leurs lumières, et
de ma confiance en leur intégrité.

Si c'est un malheur d'être engagé dans un
procès dont le plus grand bien possible est
qu'il n'en résulte aucun mal, au moins est-ce
un avantage de justifier ses actions devant un
tribunal jaloux de l'estime de la nation, qui a
les yeux ouverts sur son jugement; devant
des magistrats trop généreux pour prendre
parti contre un citoyen parce que son adversaire est leur confrère, et trop éclairés sur
leur véritable dignité pour confondre une
querelle particulière, dont ils sont juges, avec
ces grands démêlés où le corps entier de la
magistrature aurait ses droits à soutenir ou
son honneur à venger.

La question qui occupe aujourd'hui les
chambres assemblées est de savoir si la nécessité de répandre l'or autour d'un juge pour
en obtenir une audience indispensable, et
qu'on n'a pu se procurer autrement, est un
genre de corruption punissable, ou seulement
un malheur digne de compassion.

Forcé d'employer ma faible plume, au défaut
de toute autre, dans une affaire où la terreur
écarte loin de moi tous les défenseurs, où il
faut des injonctions réitérées des magistrats
pour qu'on me signe au Palais la plus juste
requête, détruisons toute idée de corruption
par le simple exposé des faits, et ne crai-
gnons point qu'on m'accuse de tomber dans
le défaut trop commun de les altérer devant
la justice. Ils sont déjà connus des magistrats
par le vu des charges et informations; je ne
fais ici que les rétablir dans l'ordre chronolo-
gique que les dépositions partielles et la
forme des interrogatoires leur ont nécessairement ôté.

Uniquement destiné à soulager l'attention de

mes juges, ce mémoire sera l'historique exact
et pur de tout ce qui tient à la question agi-
tée. Je n'y dirai rien qui ne soit constant au
procès. Les faits qui me sont personnels y
seront affirmés positivement. Ce que j'ai su
par le témoignage d'autrui portera l'empreinte
de la circonspection; et si ce mémoire n'a
pas toute la méthode qui caractérise les ouvrages de nos orateurs du barreau, au moins
il réunira le double avantage de ne contenir que des faits véritables, et de fixer l'opinion flottante du public sur le fond d'une affaire dont le secret de la procédure empêchera qu'il soit jamais bien instruit par une
autre voie.

FAITS PRÉLIMINAIRES.

Le 1er avril 1770, j'ai réglé définitivement
avec M. Paris Duverney un compte appuyé
sur des titres et sur une liaison de douze ans
d'intérêts, de confiance et d'amitié.

Par le résultat de ce compte, fait double entre nous, M. Duverney resta mon débiteur,
et mourut quatre mois après, sans s'être ac-
quitté envers moi.

Son légataire universel prit des lettres de
rescision contre l'acte du 1er avril, en poursuivit l'entérinement aux requêtes de l'hôtel,
et fut débouté de sa demande par deux sen-
tences consécutives.

Il en appela au Parlement, et, profitant du
moment qu'une lettre de cachet me tenait
sous la clef à réfléchir sur le danger des liai-
sons disproportionnées, il poursuivit sans relâche le jugement de son appel. Il faisait
plaider, il sollicitait, il gagnait les esprits; et
moi, j'étais en prison.

Enfin, le 1er avril 1773, sur les conclusions
de M. l'avocat général de Vaucresson, la cour

mit l'affaire en délibéré au rapport de M. Goëzman.

O M. Duverney! lorsque vous signâtes cet arrêté de compte par lequel vous vous reconnaissiez mon débiteur, le 1er avril 1770, vous étiez bien loin de prévoir que trois ans après, à pareil jour, sur le refus d'acquitter votre engagement par un légataire à qui vous laissiez plus d'un million, M. Goëzman de Colmar serait nommé rapporteur; que je perdrais en quatre jours mon procès et cinquante mille écus; et que ce magistrat me dénoncerait ensuite au Parlement comme ayant calomnié sa personne après avoir tenté de corrompre la justice.

FAITS POSITIFS

Peu de jours avant le prononcé du délibéré, j'avais enfin obtenu du ministre la permission de solliciter mon procès, sous les conditions expresses et rigoureuses de ne sortir qu'accompagné du sieur Santerre, nommé à cet effet; de n'aller nulle autre part que chez mes juges, et de rentrer prendre mes repas et coucher en prison; ce qui gênait excessivement mes démarches, et raccourcissait beaucoup le peu de temps accordé pour mes sollicitations.

Dans ce court intervalle, je m'étais présenté au moins dix fois chez M. Goëzman sans pouvoir le rejoindre : le hasard seulement me l'avait fait rencontrer une fois chez un autre conseiller de grand'chambre; mais à une heure tellement incommode, que ces magistrats, pressés de sortir, ne m'accordaient qu'une légère attention. Je n'en fus pas très-affecté, M. Goëzman ne faisant alors que nombre avec mes juges; cette relation intime d'un rapporteur à son client, qui rend l'un aussi attentif que l'autre est disert; cet intérêt pressant qui fait tout expliquer, tout entendre et tout approfondir, n'existaient pas encore entre nous.

Mais le 1er avril, aussitôt qu'il fut chargé du rapport de mon procès, il devint un homme essentiel pour moi; je n'eus plus de repos que je ne l'eusse entretenu. Je me présentai chez lui trois fois dans cette après-midi, et toujours la formule écrite : *Beaumarchais supplie Monsieur de vouloir bien lui accorder la faveur d'une audience, et de laisser ses ordres à son portier pour l'heure et le jour.* Ce fut vainement; la portière, car c'en était une, fatiguée de moi, m'assura le lendemain matin, à ma quatrième visite, que Monsieur ne voulait voir personne, et qu'il était inutile que je me présentasse davantage. J'y revins l'après-midi; même réponse.

Si l'on réfléchit que du 1er au 5 avril, jour auquel M. Goëzman devait rapporter l'affaire, il n'y avait que quatre jours pleins, et que, de ces quatre jours si précieux, j'en avais déjà usé un et demi en démarches perdues; si l'on sait qu'un ami de M. Goëzman (1) avait été deux fois chez lui sans succès pour m'obtenir l'audience, on concevra toute mon inquiétude.

J'appuie sur ces légers détails, parce qu'on me reproche au Palais, aujourd'hui, de n'avoir pas écrit alors à M. Goëzman pour le voir. Eh! grands dieux! écrire! une lettre ne pouvait-elle pas rester un jour entier sans réponse, et me faire perdre encore vingt-quatre heures, à moi qui comptais les minutes? Et mes cinq courses en aussi peu de temps ne valaient-elles pas bien une lettre? Et ce que j'écrivais chez la portière, n'était-ce donc pas

(1) Le sieur Marin, auteur de la *Gazette de France.*

écrire? Et croyez-vous qu'on ignorât mon empressement, lorsqu'à l'une de ces courses nous vîmes, de mon carrosse, M. Goëzman ouvrir le rideau de son cabinet au premier, qui donne sur le quai, et regarder à travers les vitres le malheureux qui restait à sa porte? Ce fait, ainsi que les autres, est attesté par le sieur Santerre, qui m'accompagnait, et dont le témoignage ne saurait être suspect : et il faut le dire et le répéter, car il n'y a pas ici de petites circonstances.

Comme on ne peut tordre mes intentions, et donner à mes sacrifices d'argent la tournure de la corruption qu'en argumentant de ma négligence à rechercher M. Goëzman, et qu'on le fait réellement aujourd'hui, il m'est de la plus grande importance que la multiplicité, la vivacité, l'obstination même de mes démarches pour le voir, soient aussi constatées que leur inutilité. Nous compterons à la fin combien de fois j'ai assiégé sa porte pendant les quatre jours pleins qu'il a été mon rapporteur. Cette façon d'argumenter à mon tour me lavera peut-être une bonne fois du reproche de négligence. On cessera d'en extraire celui de corruption ; d'où l'on conclut que, croyant ma cause mauvaise, je l'étayais par toutes sortes de manœuvres. Avec cet enchaînement d'inductions vicieuses, on arrive aux horreurs, aux diffamations, et à toutes les indignités qui ont suivi la perte de mon procès. Telle est la marche de l'animosité : nous y reviendrons.

Ne sachant plus à quel parti m'arrêter, j'entrai, en revenant, chez une de mes sœurs pour y prendre conseil et calmer un peu mes sens. Alors le sieur Dairolles, logé dans la maison de ma sœur, se ressouvint qu'un nommé Lejay, libraire, avait des habitudes intimes chez M. Goëzman, et pourrait peut-être me procurer les audiences que je désirais. Il fit venir le sieur Lejay, l'entretint, en reçut l'assurance que, moyennant un sacrifice d'argent, l'audience me serait promptement accordée. Etonné qu'il s'ouvrît une pareille voie, et curieux de savoir quelle espèce de relation pouvait exister entre ce libraire et M. Goëzman, j'appris du sieur Dairolles que le libraire débitait les ouvrages de ce magistrat; que madame Goëzman venait assez souvent chez lui pour recevoir la rétribution d'auteur, ce qui avait mis assez de liaison entre elle et la dame Lejay. « Mais le vrai motif qui engage le sieur Lejay à répondre des audiences, ajouta-t-il, est que madame Goëzman l'a plusieurs fois assuré que, s'il se présentait un client généreux, dont la cause fût juste, et qui ne demandât que des choses honnêtes, elle ne croirait pas offenser sa délicatesse en recevant un présent (1) » Cela me fut dit chez ma sœur, devant plusieurs de mes parents et amis.

La demande étant portée à deux cents louis, je me récriai sur la somme autant que sur la nécessité de payer des audiences.

(1) Lorsque madame Goëzman, interrogée sur la nature de ses relations avec Lejay, répond qu'elle ne le connaît point et l'a seulement vu venir quelquefois solliciter son mari, elle oublie qu'il existe au portefeuille du sieur Lejay quelques billets d'elle, écrits de sa main, par lesquels elle se reconnaît sa débitrice de plusieurs sommes, comme 18 liv., 30 liv., etc., qui prouvent encore plus les grandes intimités que les petits besoins. Elle oublie que, dans ces grandes intimités, elle a dit, devant plusieurs témoins « que, quand son mari serait rapporteur, elle saurait bien plumer la poule sans la faire crier; » expression moins noble à la vérité que celles rapportées dans ce mémoire sur le même sujet; mais en cela plus propres à donner une véritable idée de la liaison niée par madame Goëzman, à son interrogatoire.

Quand on m'a jugé aux requêtes de l'hôtel, disais-je, où j'ai gagné ce procès en première instance, loin qu'il m'en ait coûté pour voir mon rapporteur, je n'ai pas même su quel était son secrétaire, et M. Dufour, magistrat aussi accessible que juge éclairé, a poussé la patience et l'honnêteté jusqu'à souffrir mes importunités verbales et par écrit pendant six semaines au moins. Pourquoi faut-il aujourd'hui payer? etc., etc., etc.

Je résistais, je bataillais; mais l'importance de voir M. Goëzman était telle, et le temps pressait si fort, que mes amis inquiets me conseillaient tous de ne pas hésiter : « Quand vous aurez perdu cinquante mille écus, me disaient-ils, faute d'avoir instruit votre rapporteur, quelle différence mettront dans votre aisance deux cents louis de plus ou de moins? Si l'on vous en demandait cinq cents, il n'y aurait pas plus à balancer. » Pour trancher la question, l'un d'eux obligeamment courut chez lui, et remit à ma sœur cent louis que je n'avais pas.

Plus économe de ma bourse, ma sœur voulut essayer d'arracher cette audience pour cinquante louis, et de son chef elle remit un rouleau seul au sieur Lejay, lui disant qu'elle n'avait pas encore pu changer en or les deux mille quatre cents livres apportées par son frère, et qu'elle le priait en grâce de voir si ces cinquante louis ne suffiraient pas pour m'ouvrir cette fatale porte. Mais bientôt le sieur Dairolles vint chercher le second rouleau. « Quand on fait un sacrifice, madame, lui dit-il, il faut le faire honnête ; autrement il perd son mérite, et monsieur votre frère désapprouverait beaucoup, s'il le savait, qu'on eût perdu seulement quatre heures pour épargner un peu d'argent. Alors ma sœur, ne pouvant plus reculer, abandonna tristement les autres cinquante louis, et ces messieurs retournèrent chez madame Goëzman.

Mais, dira-t-on, comment, dans une affaire aussi majeure, étiez-vous si indolent, si passif, que toutes les démarches se fissent entre vos parents et amis, sans vous, et comment disposait-on ainsi de votre argent et d'un temps si précieux, sans que votre acquiescement y parût même nécessaire? Eh! messieurs, vous oubliez la foule de maux dont j'étais accablé; vous oubliez que j'étais en prison; vous oubliez que, forcé d'y attendre le matin qu'on vînt m'y chercher pour sortir, d'y revenir prendre mes repas et d'y rentrer le soir de bonne heure, je ne pouvais suivre exactement des opérations aussi mêlées. Voilà pourquoi le zèle de mes amis y suppléait. Voilà pourquoi je n'ai su beaucoup de ces détails qu'après coup. Voilà pourquoi *je n'ai jamais encore vu le sieur Lejay, au moment où j'écris ce mémoire*, etc., etc. Renouons le fil de ma narration, que cet éclaircissement a coupé.

Quelques heures après, le sieur Dairolles assura ma sœur que madame Goëzman, après avoir serré les cent louis dans son armoire, avait enfin promis l'audience pour le soir même. Et voici l'instruction qu'il me donna quand il me vit. « Présentez-vous ce soir à la porte de M. Goëzman; on vous dira qu'il est sorti; insistez beaucoup; demandez le laquais de madame; remettez-lui cette lettre, qui n'est qu'une sommation polie à la dame de vous procurer l'audience, suivant la convention faite entre elle et Lejay, et soyez certain d'être introduit. »

Docile à la leçon, je fus le soir chez M. Goëzman, accompagné de M⁰ Falconnet, avocat, et du sieur Santerre. Tout ce qu'on nous avait prédit arriva; la porte nous fut obstinément refusée · ie fis demander le laquais de madame, à qui je proposai de rendre ma lettre à sa maîtresse; il me répondit niaisement « qu'il ne le pouvait alors, parce que monsieur était dans le cabinet de madame avec elle. — C'est une raison de plus, lui dis-je en souriant de sa naïveté, de porter la lettre à l'instant. Je vous promets qu'on ne vous en saura pas mauvais gré. » Le laquais revint bientôt, et nous dit « que nous pouvions monter dans le cabinet de monsieur, qu'il allait s'y rendre lui-même *par l'escalier intérieur* qui descend chez madame. » En effet, M. Goëzman ne tarda pas à nous y venir trouver. Qu'on me passe un détail minutieux, on sentira bientôt comment ils deviendront tous importants. Il était neuf heures du soir lorsqu'on nous fit monter au cabinet; nous trouvâmes le couvert mis dans l'antichambre et la table servie; d'où nous conclûmes que l'audience retardait le souper.

La voilà donc ouverte à la fin, cette porte, et c'est au moment indiqué par Lejay; l'agent n'écrit qu'un mot, j'en suis le porteur; la dame le reçoit, et le juge paraît. Cette audience, si longtemps courue, si vainement sollicitée, on la donne à neuf heures, à l'instant incommode où l'on va se mettre à table. Sans insulter personne, on pouvait, je crois, aller jusqu'à soupçonner que les cent louis avaient mis tout le monde d'accord sur l'audience, et qu'elle était le fruit de la lettre que madame venait de recevoir en présence de monsieur. Aujourd'hui que l'on plaide, il se trouve que personne ne savait rien de rien, et que l'audience, au milieu de tant d'obstacles, se trouve octroyée par hasard en ce moment unique. J'en demande bien pardon, il était sans doute excusable de s'y tromper.

L'audience de M. Goëzman s'entama par la discussion de quelques pièces au procès.

J'avoue que je fus étonné de la futilité de ses
objections et du ton avec lequel il les faisait;
je le fus même au point que je pris la liberté
de lui dire que je ne le croyais pas assez instruit
de l'affaire pour être en état de la rapporter
sous deux jours. Il me répondit qu'il la connaissait assez dès à présent pour la juger,
qu'elle était toute simple, et qu'il espérait en
rendre compte exact à la cour le lundi suivant. En l'écoutant, je crus apercevoir sur
son visage les traces d'un rire équivoque dont
je fus très-alarmé. De retour, je fis part de
mes observations à mes amis.

Le sieur Dairolles les fit parvenir à madame Goëzman, en sollicitant une seconde
audience. La réponse fut que si M. Goëzman
ne m'avait fait que des objections frivoles,
c'est qu'apparemment il n'en avait point d'autres à faire contre mon droit, et qu'à l'égard
du rire qui m'avait alarmé, c'était le caractère de sa physionomie; qu'au reste si je voulais lui envoyer mes réponses aux objections
de son mari, elle se chargeait volontiers de
les lui remettre : ce que je fis, en accompagnant le paquet d'une lettre polie pour la
dame.

Nous étions au dimanche 4 avril : il ne
restait plus qu'un jour pour solliciter; mon
affaire devait être rapportée le lendemain. Je
priai le sieur Dairolles de savoir au vrai si je
ne devais plus espérer d'être entendu, trouvant qu'on m'avait vendu bien cher l'unique
faveur d'une courte audience.

On négocia de nouveau; mais les difficultés
qu'on nous opposa firent deviner à tout le
monde qu'il n'y avait qu'un seul moyen de
les résoudre : autres débats, humeur de ma
part, représentations de celle de mes amis.
L'avis qui prévalut fut que l'on saurait positivement de madame Goëzman si la se-

conde audience tenait à un second sacrifice,
et qu'alors, au défaut de cent autres louis
qui me manquaient, on lui laisserait une
montre à répétition enrichie de diamants.
Elle fut aussitôt remise à Lejay par le sieur
Dairolles.

Enfin, je reçus la promesse la plus positive
d'une audience pour le soir même; mais le
sieur Dairolles, en m'apprenant que la dame
avait été encore plus flattée de ce bijou que
des cent louis qu'elle avait reçus, ajouta
qu'elle exigeait en outre quinze louis pour le
secrétaire de son mari, à qui elle se chargeait
de les remettre. Cela est d'autant plus singulier, monsieur, lui dis-je, que vous savez qu'un
de vos amis eut hier toutes les peines du
monde à faire accepter à ce secrétaire une
somme de dix louis qu'il lui présentait d'office. Cet homme modeste s'obstinait à la refuser, disant qu'il était absolument inutile à
mon affaire, qui se traitait dans le cabinet du
rapporteur et sans lui. « Que voulez-vous? me
dit le sieur Dairolles; toutes ces observations
ont été faites à madame Goëzman; elle n'en
a pas moins insisté sur la remise de quinze
louis : elle doit ignorer, dit-elle, ce que le secrétaire a reçu d'ailleurs; enfin ces quinze
louis sont indispensables. »

Ils furent remis, de mauvaise grâce à la vérité, puis portés à madame Goëzman, puis
l'audience assurée de nouveau pour sept heures. Mais ce fut encore vainement que je me
présentai : n'ayant pas, cette fois, de passe-
port auprès de madame, il fallut revenir sans
avoir vu monsieur.

Le lecteur, qui se fatigue à la fin de lire autant de promesses vaines, autant de démarches inutiles, jugera combien je devais être
outré moi-même de recevoir les unes et de
faire les autres.

Je revins chez moi la rage dans le cœur.
Nouvelle course des intermédiaires. Pour cette
fois, il ne faut pas omettre la curieuse réponse qu'on me rapporta. « Ce n'est point la
faute de la dame si vous n'avez pas été reçu.
Vous pouvez vous présenter demain encore
chez son mari. Mais elle est si honnête, qu'en
cas que vous ne puissiez avoir d'audience
avant le jugement, elle vous fait assurer que
tout ce qu'elle a reçu vous sera fidèlement
remis. »

J'augurai mal de cette nouvelle annonce.
Pourquoi la dame s'engageait-elle alors à rendre l'argent? Je ne l'avais pas exigé. Quelle
raison la faisait tergiverser sur une audience
tant de fois promise? Je fis à ce sujet les plus
funestes réflexions. Mais, quoique le ton et
les procédés me parussent absolument changés, je n'en résolus pas moins de tenter un
dernier effort pour voir mon rapporteur le
lendemain matin, seul instant dont je pusse
profiter avant le jugement du procès.

Pendant que je déplorais mon sort, un
homme d'une probité reconnue, ayant été témoin et quelquefois confident des affaires par-
ticulières entre M. Duverney et moi, s'intéressait à ma cause, dont il connaissait la justice.
Ce motif lui fit trouver moyen de s'introduire
chez M. Goëzman, en faisant dire à ce rapporteur qu'il avait des éclaircissements importants à lui donner sur l'affaire de la succession Duverney, et se gardant bien surtout
d'articuler qu'il penchât pour moi. Il fut aussi
surpris que je l'avais été des objections de
M. Goëzman : comme elles sont entrées dans
son rapport à la cour, qu'il lui lut en partie,
je vais les rappeler en note : elles serviront à
montrer dans quel esprit M. Goëzman traitait une affaire aussi grave : elles motiveront
mes efforts pour en obtenir des audiences, et

justifieront les sacrifices que j'ai faits pour y
parvenir (1).

Mon ami eut beaucoup de peine à se faire
écouter dans ses réponses ; mais il ne quitta

(1) M. Goëzman lui dit, entre autres choses, que
M. Duverney confiait facilement de ses blancs-seings;
que lui-même en avait vu et tenu entre ses mains ;
que je pouvais avoir abusé d'un de ces blancs-seings
pour y adapter un arrêté de compte. Mon ami, surpris d'une pareille allégation, lui répondit que l'exactitude de M. Duverney avait été trop connue pour
qu'on pût le taxer d'une pareille négligence sur sa
signature; mais que, quand cette allégation aurait
même quelque vraisemblance, ce ne pouvait jamais
être relativement à une signature et une date fixe
de la main de M. Duverney, apposées au bas du folio
verso d'une grande feuille de papier à la Tellière; et
qu'en tout état de cause un pareil soupçon étant ce
qu'on pût avancer de plus odieux contre quelqu'un,
ne devait jamais être articulé sans preuves

M. Goëzman lui dit ensuite que l'arrêté de compte
entre M. Duverney et moi ne pouvait pas être regardé
comme un acte sérieux, puisque toutes les sommes
y étaient écrites en chiffres: en effet, il lui montrait
plusieurs sommes en chiffres sur la page verso de
cet arrêté de compte. Mon ami, étonné que j'eusse
commis une pareille faute dans une pièce aussi importante, était prêt à passer condamnation, lorsque,
quittant M. Goëzman, avec lequel il se promenait
dans son cabinet, il vint subitement retourner l'arrêté de compte et en examiner la première page, dans
laquelle il ne lui fut pas difficile de prouver à M. Goëzman que les sommes écrites en chiffres sur le verso
n'étaient que relatées de pareilles sommes écrites plusieurs fois en toutes lettres antécédemment de l'autre
part.

M. Goëzman lui objecta encore que la déclaration
de 1733 exigeait que l'écriture d'un pareil acte fût
approuvée de la main de celui qui n'avait fait que
le dater et le signer. Mon ami, qui ne connaissait
point les termes de cette déclaration, ne put lui répondre que l'acte et les deux contractants étaient
précisément dans le cas de l'exception portée par
cette même loi.

Il y eut encore d'autres objections aussi frivoles.

point M. Goëzman qu'il n'en eût au moins ar-
raché la promesse positive de m'ouvrir sa
porte et de m'entendre le lendemain matin :
il obtint de plus la permission de me communiquer ses objections, et s'engagea pour moi
que je les résoudrais à la satisfaction du rapporteur.

Si jamais audience a paru certaine, ce fut
sans doute cette dernière, que le rapporteur
promettait d'un côté, pendant que sa femme
en recevait le prix de l'autre. Cependant, malgré les assurances du mari et de la femme,
nous ne fûmes pas plus heureux le lundi matin que les autres jours. Mon ami m'accompagnait; le sieur Santerre était en tiers : ils furent aussi outrés que moi de me voir durement
refuser la porte, quoiqu'on ne dissimulât pas
que madame et monsieur étaient au logis.
J'avoue que ce dernier trait mit à bout ma
patience. Nous éclatâmes en murmures, et
pendant que mon ami, épuisant toutes les
ressources, allait chercher le secrétaire au Palais pour essayer de nous faire introduire, je
priai la portière de me permettre au moins
d'écrire dans sa loge les réponses que j'avais
espéré faire verbalement à son maître. Nous
y restâmes une heure et demie, le sieur Santerre et moi. Mon ami revint avec un nouvel
introducteur; mais les ordres étaient positifs :
nous ne pûmes passer le seuil de la porte.
Ce ne fut qu'à force d'instances, et même en
donnant six francs à un laquais, que nous par-
vînmes à faire remettre à M. Goëzman mes
réponses et l'extrait d'un acte important pour
la recherche duquel un notaire avait passé la
nuit.

Le même jour, je perdis ma cause, et
M. Goëzman, en sortant du conseil, dit tout
haut à mon avocat, devant plusieurs personnes, *qu'on avait opiné du bonnet d'après son avis*

Le fait est cependant que plusieurs conseillers sont restés d'un sentiment contraire au sien.

Quelle cruauté! N'est-ce pas tourner le poignard dans le cœur d'un homme après l'y avoir enfoncé? Moins le propos était fondé, plus il montrait de partialité dans le juge, et... laissons les réflexions; elles aigrissent mon chagrin et retardent mon ouvrage.

Il est temps de tenir parole : opposons la récapitulation de mes courses chez M. Goëzman au reproche de n'en avoir pas fait assez pour le voir, pendant les quatre jours pleins qu'il a été mon rapporteur, d'où l'on induit que j'ai pu avoir intention de le corrompre.

1er avril. Le jour qu'il a été nommé rapporteur, dans l'après-midi et soirée, trois courses inutiles......................	3
2 avril. Vendredi matin, une course inutile....	1
Vendredi après midi, course inutile....	1
Vendredi au soir, course inutile........	1
3 avril. Samedi matin, course inutile...........	1
Samedi soir, audience promise par madame Goëzman et obtenue, *course utile*.	1
4 avril. Dimanche au soir, audience promise d'un côté par madame Goëzman, et non obtenue, course inutile..........	1
5 avril. Lundi matin, jour du rapport, audience promise d'un côté par M. Goëzman, payée de l'autre à madame, et non obtenue, course inutile..............	1
Total des courses en quatre jours pleins.......	10
Si l'on ajoute les deux qu'un ami de M. Goëzman a faites en même temps pour moi sur le même objet....................	2
Et mes dix courses avant sa nomination.....	10
Total des courses pour avoir audience..	22

UNE SEULE AUDIENCE OBTENUE.

En me lavant ainsi du reproche de négli-

gence, je pense avoir beaucoup ébranlé le sys-
tôme de corruption : achevons de l'anéantir
par un autre calcul et quelques réflexions fort
simples.

Il m'en a coûté cent louis pour obtenir une
audience de M. Goëzman. Qu'on suive cet argent à la trace, et qu'on juge si, de la dis-
tance où je suis resté du rapporteur, il était
possible que j'eusse formé le projet insensé
de le corrompre.

En cédant à la nécessité de sacrifier cent
louis, je ne les avais pas (*une personne*), un ami
me les a offerts (*deux*); ma sœur les a reçus
de ses mains (*trois*); elle les a confiés au sieur
Dairolles (*quatre*), qui les a remis au sieur Lejay (*cinq*), pour être donnés à madame Goëzman, qui les a gardés (*six*); enfin M. Goëzman,
que je n'ai vu qu'à ce prix, et qui a tout
ignoré (*sept*).

Voilà donc de M. Goëzman à moi une chaîne
de sept personnes, dont il prétend que je tiens
le premier chaînon comme corrupteur, et lui
le dernier comme incorruptible. D'accord.
Mais s'il est juge incorruptible, comment
prouvera-t-il que je suis un client corrupteur?
A travers tant de personnes, on se trompe aisément sur l'intention d'un homme: d'ailleurs
un juge corrompu n'a plus besoin d'instructions, et l'éloignement où se tient de lui son
corrupteur est le premier égard qu'il lui doit,
et le plus sûr moyen d'écarter tout soupçon
de leur intelligence. Or, il est prouvé qu'après
avoir payé j'ai montré encore plus d'empressement de voir M. Goëzman qu'avant de donner les cent louis : donc je n'ai pas cru avoir
gagné son suffrage en payant; donc ce n'é-
tait pas son suffrage qu'on avait marchandé
pour moi; donc je ne voulais que des audiences; donc je ne suis pas un corrupteur; donc
il a calomnié mon intention; donc le procès

est mal intenté contre moi; donc... ce qu'il fallait démontrer.

J'avais perdu ma cause; le mal était consommé. Le soir même du jugement, le sieur Dairolles rendit à ma sœur les deux rouleaux de louis, et la montre enrichie de diamants. « A l'égard des quinze louis, dit-il, comme ils avaient été exigés par madame Goezman pour être remis au secrétaire de son mari, elle s'est crue à bon droit dispensée de les rendre au sieur Lejay. »

La conduite de ce secrétaire étant une énigme pour moi, je voulus l'éclaircir. Etonné qu'après avoir refusé modestement dix louis il en retînt vingt-cinq, je priai l'ami qui lui avait fait accepter ces dix louis d'aller lui demander si quelqu'un lui avait depuis remis quinze autres louis. Non-seulement le secrétaire nia qu'on les lui eût offerts, et il les aurait, dit-il, certainement refusés, mais il offrit à mon ami de lui rendre les dix louis qu'il en avait reçus, en l'assurant de nouveau qu'il n'avait fait aucun travail à ce malheureux procès, qui me coûtait trop d'argent pour qu'on augmentât encore mes pertes par des sacrifices volontaires.

Mon ami, sûr de mes intentions, le pria de les garder, moins comme un honoraire dû à ses peines que comme un léger hommage rendu à son honnêteté.

Alors, piqué du moyen malhonnête qu'on employait pour retenir mes quinze louis, croyant même que le sieur Lejay, *que je ne connaissais point du tout*, avait voulu les garder, je lui fis dire par le sieur Dairolles que je voulais savoir ce qu'étaient devenus ces quinze louis.

Le libraire affirma pendant plusieurs jours les avoir en vain demandés à madame Goezman, qui lui répondait constamment être convenue avec lui que, dans tous les cas, ces quinze louis seraient perdus pour moi. Il ajouta qu'il ne pouvait souffrir qu'on le soupçonnât de les avoir gardés ; que la dame se faisait céler, et que je pouvais lui en écrire directement.

Le 21 avril, c'est-à-dire dix-sept jours après le jugement du procès, j'écrivis la lettre suivante à madame Goëzman.

Je n'ai point l'honneur, madame, d'être personnellement connu de vous, et je me garderais de vous importuner si, après la perte de mon procès, lorsque vous avez bien voulu me faire remettre mes deux rouleaux de louis et la répétition enrichie de diamants qui y était jointe, on m'avait aussi rendu de votre part quinze louis d'or que l'ami commun qui a négocié vous a laissés de surérogation.

J'ai été si horriblement traité dans le rapport de monsieur votre époux, et mes défenses ont été tellement foulées aux pieds par celui qui devait, selon vous, y avoir un légitime égard, qu'il n'est pas juste qu'on ajoute aux pertes immenses que ce rapport me coûte celle de quinze louis d'or qui n'ont pas dû s'égarer entre vos mains. Si l'injustice doit se payer, ce n'est pas celui qui en souffre si cruellement. J'espère que vous voudrez bien avoir égard à ma demande, et que vous ajouterez à la justice de me rendre ces quinze louis celle de me croire, avec la plus respectueuse considération qui vous est due,

Madame, votre, etc.

Ce 21 avril 1773.

Je n'en reçus point de réponse, mais le lendemain ma sœur vint m'apprendre que le sieur Lejay était dans sa maison, égaré comme un insensé ; madame Goëzman, disait-il, l'avait envoyé chercher, pour se plaindre amèrement de ce que je lui demandais une somme de cent louis et une montre enrichie de diamants, qu'elle m'avait fait rendre. Il ajoutait que cette dame, outrée de colère, l'avait menacé de le perdre, ainsi que moi, en employant le crédit de M. le duc d'...

Ma sœur me dit que tous ces propos se tenaient chez elle, devant son médecin: qu'elle avait inutilement essayé de remettre la tête de ce pauvre Lejay, à qui l'on ne pouvait faire comprendre qu'il ne s'agissait que de quinze louis égarés entre lui et cette dame, et non de ce qui m'avait été rendu; que cet homme était si troublé, qu'il assurait avoir lu en propres termes dans ma lettre, que la dame lui avait montrée, la demande des cent louis et du bijou; qu'enfin il menaçait de nier la part qu'il avait eue à cette affaire, si elle prenait une mauvaise tournure.

Heureusement j'avais gardé copie de ma lettre; je l'envoyai par ma sœur au sieur Lejay, qui fut, à ce qu'il dit, sur-le-champ chez madame Goëzman lui faire à son tour ses reproches. Je ne sais s'il tint parole; mais enfin les quinze louis ne revinrent point. J'ai depuis écrit deux lettres au libraire à ce sujet, qui sont restées sans réponse. Elles ont été jointes au procès.

J'appris alors dans le public que M. Goezman, muni d'une déclaration du sieur Lejay (1), dans laquelle j'étais violemment inculpé, avait été chez M. le duc de la Vrillière et chez M. de Sartine, se plaindre hautement que je calom-

----

(1) Cette déclaration porte en substance que le sieur Lejay, cédant aux sollicitations d'un de mes amis, a reçu cent louis et une montre enrichie de diamants: qu'il a eu la faiblesse de les offrir à madame Goëzman pour corrompre la justice de son mari, mais qu'elle a tout rejeté *hautement et avec indignation;* que depuis la perte du procès il a tout remis à mon ami, etc.... Cette déclaration, qu'on a su depuis avoir été minutée de la main de M. Goëzman, ne parle pas *des quinze louis exigés de surplus, et qui sont encore entre les mains de madame Goëzman.* Et moi, je prie le lecteur de ne les pas perdre de vue. J'ai quelque notion que ces quinze louis influeront beaucoup sur le jugement du procès.

niais sa personne, après avoir tenté de corrompre sa justice. Je n'en croyais pas un mot: tant de précautions extrajudiciaires, avant qu'il y eût aucune procédure entamée, me paraissaient au-dessous même du moins instruit des criminalistes. Je ne pouvais me figurer qu'un conseiller au Parlement, sur des objets relatifs à un procès jugé au Parlement, invoquât une autre autorité que celle du Parlement, pour avoir raison de qui que ce fût; en tout cas, je me promis bien qu'il ne me serait pas reproché, si je pouvais l'éviter, d'avoir provoqué, par mes discours ou mes écrits, un combat aussi indécent entre M. Goëzman et moi. Résolu que j'étais de me renfermer dans des défenses juridiques, si l'on allait jusqu'à m'attaquer en forme, j'eus l'honneur d'adresser la lettre suivante à l'un des hommes en place qui jouit au plus juste titre de l'estime et de la confiance universelles.

Monsieur,

Sur les plaintes qu'on prétend que M. Goëzman, conseiller au Parlement, fait de moi, disant que j'ai tenté de corrompre sa justice en séduisant madame Goëzman par des propositions d'argent qu'elle a rejetées, je déclare que l'exposé fait ainsi est faux, de quelque part qu'il vienne. Je déclare que je n'ai point tenté de corrompre la justice de M. Goëzman pour gagner un procès que j'ai toujours cru qu'on ne pouvait me faire perdre sans erreur ou sans injustice.

À l'égard de l'argent proposé par moi et rejeté, dit-on, par madame Goëzman, si c'est un bruit public, M. Goëzman ne sait pas si je l'accrédite ou non; et je pense qu'un homme dont l'état est de juger les autres sur des formes établies ne devrait pas m'inculper aussi légèrement, encore moins armer l'autorité contre moi. S'il croit avoir à se plaindre, c'est devant un tribunal qu'il doit m'attaquer. Je ne redoute la lumière sur aucune de mes actions. Je déclare que je respecte tous les juges établis par le roi. Mais aujourd'hui M. Goëzman n'est point mon juge. Il se rend, dit-on, partie contre moi: sur cette affaire, il rentre

dans la classe des citoyens, et j'espère que le ministère
voudra bien rester neutre entre nous deux. Je n'atta-
querai personne; mais je déclare que je me défendrai
ouvertement sur quelque point qu'on me provoque,
sans sortir de la modération, de la modestie et des
égards dont je fais profession envers tout le monde.

Je suis, monsieur, avec le plus profond respect, etc.

Paris, ce 5 juin.

Bientôt il courut un autre bruit, que M. Goëzman avait été chez M. le chancelier et chez
M. le premier président, armé de cette terrible déclaration de Lejay, porter de nouvelles
plaintes contre moi; enfin, j'appris qu'il m'a-
vait dénoncé au Parlement, comme calomniateur et corrupteur de juge. Cette attaque
étant plus méthodique que la première, j'eus
moins de peine à me la persuader. Mais je
n'en restai pas moins tranquille sur l'événement; j'engageai même le sieur Marin, auteur de la *Gazette de France*, et ami de M. Goëzman, de représenter à ce magistrat combien
un pareil acte d'hostilité tournerait désagréa-
blement pour lui. « Je crains peu ses menaces, lui dis-je; il m'a fait tout le mal qui était
en sa puissance. Vous pouvez l'assurer que je
n'userai point en lâche ennemi de l'avantage
des circonstances, pour lui causer un désagré-
ment public : mais qu'il ait la bonté de me
laisser tranquille. » L'ami de M. Goëzman
m'assura qu'il en avait écrit et parlé déjà plusieurs fois, en lui faisant sentir toutes les
conséquences de ses démarches, et qu'il lui
en parlerait encore. Sa négociation fut infruc-
tueuse.

Peu de jours après, M. le premier président
m'envoya chercher pour savoir la vérité des
bruits qui couraient. Je m'en tins au refus le
plus respectueux de rien déclarer, à moins
qu'on ne m'y forçât juridiquement... « Que
mes ennemis m'attaquent s'ils l'osent, alors

je parlerai; l'on ne parviendra pas à me faire craindre qu'un corps aussi respectable que le Parlement devienne injuste et partial pour servir la haine de quelques particuliers. Quant à la déclaration de Lejay, elle tournera bientôt contre ceux qui l'ont fabriquée. Je n'ai jamais vu le sieur Lejay, mais on dit que c'est un honnête homme, qui n'a contre lui que le défaut des âmes faibles, de se laisser effrayer facilement et de céder sans résistance à l'impulsion qu'aura la fausse déclaration qu'on lui a extorquée dans un cabinet, il ne la soutiendra jamais dans un greffe: et la vérité lui sortira par tous les pores à la première interrogation juridique qui lui sera faite. Ainsi, sans inquiétude à cet égard, et plein de confiance en l'équité de mes juges, je perdrais difficilement ma tranquillité. »

J'appris alors que M. le procureur général était chargé d'informer: je me hâtai d'aller lui présenter le nom et la demeure de tous ceux qui avaient eu part à cette affaire. Ils ont été entendus; et je ne crains pas qu'aucun d'eux démente la plus légère circonstance de cette narration.

A peine les témoins sont-ils assignés, que Lejay commence à trembler sur les conséquences de sa fausse déclaration. Dans le trouble de sa conscience, il va consulter M. Gerbier, expose les faits tels qu'ils se sont passés, en reçoit le conseil de revenir à la vérité dans sa déposition, vient faire la même confession à M. le premier président; il la fait à quiconque a la patience de l'écouter. M. Goëzman en entend parler. On envoie chercher le libraire et sa femme; on commence par leur soutirer la minute de la fausse déclaration, parce qu'elle est de la main de ce magistrat; on leur reproche ensuite aigrement leur inconstance. La dame Lejay, plus courageuse que

son mari, proteste qu'aucun respect humain
ne les empêchera plus de dire la vérité. Grands
débats entre eux : enfin on en revient à négo-
cier ; on veut engager le libraire à passer en
Hollande, avec promesse de le défrayer de tout
et d'arranger l'affaire pendant son absence.
La dame Lejay refuse, et soutient son mari
dans sa résolution. Instruit des démarches de
la maison Goëzman, et craignant que Lejay
ne se laisse encore entraîner, je vais chez
M. le premier président lui rendre compte de
ce qui se passe. « Vous êtes instruit mainte-
tenant, lui dis-je, monseigneur : Lejay vous
a tout avoué. J'étais bien sûr que cet homme,
qui n'a menti que par faiblesse et par séduction, ne tarderait pas à rendre hommage à la
vérité. Mais ce que vous ignorez, c'est qu'on
veut le suborner encore et lui faire quitter la
France. De peur qu'on ne dise que c'est moi
qui l'ai fait sauver, je me hâte d'en donner
avis aux premiers magistrats. » En effet, je
fus chez M. le procureur général et chez M. de
Combault, commissaire-rapporteur, articuler
les mêmes faits, en les priant de vouloir bien
s'en souvenir en temps et lieu. Je cite avec
assurance, et ne crains pas aujourd'hui d'in-
voquer des témoignages aussi respectables.

Bientôt le sieur Lejay, assigné comme témoin, dépose au greffe cette vérité redoutable
à ses suborneurs, et contraire en tout à la
déclaration qu'ils lui avaient extorquée. Sa
femme et son commis, entendus, déposent,
ainsi que lui, *que la minute de la déclaration a
été écrite de la main de M. Goëzman;* que le
commis de Lejay en a tiré plusieurs copies;
que le maître n'a fait que la signer, mais que
depuis peu de jours on leur a retiré adroite-
ment l'original. Madame Goëzman, entendue
à son tour, dit fort peu de choses, et voudrait
écarter par un air d'ignorance l'idée qu'el

ait eu la moindre part à l'affaire. Je suis le
seul qu'on n'assigne point comme témoin, ce
qui fait déjà présumer que je suis dénoncé
comme coupable. En effet, j'étais dénoncé.
L'information achevée, et les témoins entendus, M. Doé de Combault fait son rapport aux
chambres assemblées. Il intervient un arrêt
qui décrète le sieur Lejay de prise de corps;
le sieur Dairolles et moi d'ajournement personnel, et madame Goëzman seulement d'as-
signée pour être ouïe. Je ne me plains point
d'une différence qui ne peut venir sans doute
que d'un égard pour son sexe. Cependant le
bruit courait que son mari, la traitant moins
bien que le Parlement, avait obtenu une lettre
de cachet contre elle, l'avait fait enlever et
mettre au couvent. Mais la vérité est que
M. Goëzman ne fit pas usage de la lettre de
cachet, et que madame Goëzman n'a été au
couvent que depuis; ce qui réalise le propos
qu'on tenait alors. « Si M. Goëzman, disait-on,
fait renfermer sa femme, il la sait donc coupable, et s'il la sait coupable, comment cher-
che-t-il à la justifier aux dépens d'autrui? Si
c'est le Parlement qui poursuit, et si madame
Goëzman n'est renfermée qu'en vertu du
soupçon répandu sur elle, jusqu'au jugement
du procès, le soupçon s'étend également sur
la femme et sur le mari. Par quel hasard,
dans une affaire aussi peu éclaircie, voit-on
Beaumarchais décrété d'ajournement personnel, Lejay de prise de corps, madame Goëzman renfermée et M. Goëzman sur les fleurs
de lis? »

Ces contradictions apparentes excitaient de
plus en plus l'attention du public sur l'événement de ce procès. Le sieur Lejay, retenu au
secret pendant plus de huit jours, a été interrogé plusieurs fois; le sieur Dairolles ensuite, enfin moi le dernier, qui ai tâché de

tracer dans mon interrogatoire l'historique exact de tous les faits, tels qu'on les a lus dans ce mémoire : et certes, j'oserais bien assurer que de toutes les dépositions des différents témoins il n'y en a pas une seule qui ne s'accorde exactement avec cet interrogatoire.

Depuis ce temps, un arrêt a rendu la liberté provisoire à Lejay : un autre a réglé l'affaire à l'extraordinaire ; et tel est l'état des choses à l'instant où j'écris.

Avant de passer aux réflexions que cet exposé peut faire naître à tout le monde, il faut placer ici deux épisodes intimement liés au fond du procès, et que nous n'avons détachés du reste des faits qu'afin que rien ne nuisît à l'attention particulière qu'ils méritent. Le premier lève un coin du voile obscur qui masque encore l'auteur de cette noire intrigue ; le second le déchire tout à fait.

Episode du sieur d'Arnaud de Baculard.

Tandis que tous ceux que le malheur engage dans cette affaire gémissaient de la nécessité de repousser la calomnie par des défenses légitimes, qui croira qu'un homme absolument étranger au procès ait été assez ennemi de son repos pour venir imprudemment se jeter dans la mêlée, y jouer d'abord le rôle de conciliateur, puis prendre parti contre les accusés par une lettre signée de sa main ; flotter ensuite dans une incertitude pusillanime, rétracter cet imprudent écrit, que des contradictions choquantes avaient déjà fait suspecter, et se donner, par tant d'inconséquences, en spectacle au public, empressé à juger les acteurs de cette étrange scène ? Un tel homme existe pourtant, et c'est le sieur d'Arnaud de Baculard. Puisqu'il lui a plu de prendre part à la querelle, il faut développer sa conduite aux yeux de la cour ; elle n'est pas sans importance au procès.

Vers l'époque où les premiers travaux de la procédure s'entamaient, le hasard me fit rencontrer dans la rue de Condé, où je demeure, le sieur d'Arnaud. Je prévins toute question de sa part en lui disant : Mon-

sieur, vous êtes ami du sieur Lejay; il a donné à
M. Goëzman une fausse déclaration; s'il persiste à
en soutenir les termes, un moment arrivera, et c'est
celui de la confrontation, où toutes les personnes
avec qui il a correspondu lui reprocheront son mensonge; il se verra froissé entre son faux témoignage
et la vérité qui fondra sur lui de toute part; elle sortira de sa bouche alors, mais il ne sera plus temps :
l'iniquité, la calomnie, la mauvaise foi lui seront im-
putées, et la plus juste punition sera le prix de sa
lâche complaisance. Je vous conseille donc, monsieur,
par l'intérêt que vous prenez à lui, de le voir et de
l'engager à dire la vérité; c'est le seul parti qui lui
reste dans l'embarras où il s'est plongé lui-même :
les magistrats ne font point le procès à la faiblesse;
c'est la mauvaise foi seule qu'on poursuit. Le sieur
d'Arnaud m'écoutait d'un air sombre, et ne rompit
le silence que pour me reprocher aigrement l'indis-
crétion avec laquelle j'avais, dit-il, engagé cette affaire au Palais; l'acharnement que je mettais à sa
poursuite, et qui me rendait l'auteur de tous les
chagrins prêts à fondre sur la tête de ce pauvre
Lejay.

Je conclus de cette sortie du sieur d'Arnaud, qu'il
n'était pas instruit de mon affaire, et je lui appris
que ce n'était pas moi, mais M. Goëzman, qui avait
intenté le procès et qui le poursuivait; que jusqu'a-
lors je n'avais voulu rien faire, rien dire, ni rien
écrire à ce sujet : je l'engageai de nouveau à déterminer son ami à revenir à la simple vérité dans sa
déposition.

Le sieur d'Arnaud excusa sa vivacité sur son ignorance, blâma la faiblesse de Lejay, condamna la conduite de M. Goëzman, s'étendit un peu sur la méchanceté des hommes, et m'assura qu'il allait faire part
de mes observations au sieur Lejay. Qu'est-il arrivé?
que le sieur d'Arnaud a visité M. Goëzman, que
M. Goëzman a visité le sieur d'Arnaud, et qu'enfin ce
dernier a écrit une lettre apologétique au magistrat,
dans laquelle, après un éloge de ses vertus, il ajoute
qu'il se croit obligé, pour l'honneur de la vérité, de
lui apprendre d'office, *qu'un soir, étant chez le sieur
Lejay,* ce dernier lui fit voir une montre enrichie de
diamants, très-belle, avec cent louis *qu'il allait
rendre,* lui dit-il, à un ami de M. de Beaumarchais,
qui les lui avait remis pour les présenter à madame,
qui les avait rejetés avec indignation. Le sieur

d'Arnaud ajoute qu'il ne doute point que le sieur Lejay ne les ait rendus sur-le-champ, etc., etc.

M. Goëzman a déposé au greffe de la cour cette lettre du sieur d'Arnaud, avec la déclaration du sieur Lejay. Quelles pièces et quelles précautions pour un magistrat! *nimia præcautio dolus.* Soufflons sur ce nouveau fantôme et détruisons ce frêle appui du système de la corruption. Quand les visites réciproques ne prouveraient pas que ce témoignage est une pièce mendiée; quand le désaveu qu'a fait depuis au greffe le sieur Lejay de sa fausse déclaration ne démontrerait pas que madame Goëzman n'a jamais rejeté avec *indignation* les cent louis et la montre; quand le refus opiniâtre que cette dame a fait de rendre les quinze louis qu'elle avait exigés, et qu'elle a entre les mains, ne fournirait pas la preuve la plus complète qu'elle a reçu tout le reste avec plaisir; et quand le sieur d'Arnaud ne serait pas depuis convenu lui-même que c'était uniquement pour l'obliger qu'il avait écrit à M. Goëzman, un court examen de sa lettre et de la comparaison de ces mots: *un soir... qu'il allait rendre,* etc., avec ce qui s'est passé le 5 avril, jour auquel les effets m'ont été remis, suffirait pour anéantir le témoignage qu'elle contient. Épargnons cette discussion au lecteur; la rétractation du sieur d'Arnaud la rend inutile. Je voulais me justifier de son accusation et non le poursuivre. Je l'ai fait, et me borne à le plaindre si d'autres motifs qu'une complaisance aveugle ont affecté son cœur et dirigé sa plume.

Autre épisode très-important touchant le sieur Marin, auteur de la GAZETTE DE FRANCE.

Le sieur Dairolles était assigné pour déposer: la veille de sa déposition, vers une heure après midi, je passai chez ma sœur, que je trouvai avec son mari, son médecin, le sieur Deschamps, négociant de Toulouse, et plusieurs autres personnes. A l'instant arrive le sieur Marin, auteur de la *Gazette de France,* et ami de M. Goëzman. Il nous dit que ce magistrat l'avait accompagné jusqu'à la porte pour chercher le sieur Dairolles et l'engager à ne faire le lendemain qu'une déposition très-courte et qui ne compromît madame Goëzman ni personne: qu'il nous engageât tous à nous conduire sur ce plan dans nos dépositions, et que lui Marin se faisait fort d'arranger l'af-

faire sous peu de jours ; qu'il avait des moyens sûrs
pour y réussir ; mais qu'il fallait bien se garder sur
tout de parler de *ces misérables quinze louis* qui
ne faisaient qu'embrouiller l'affaire et me donner un
air de mesquinerie qui me faisait tort dans le monde.
— « Au contraire, monsieur, lui dis-je avec chaleur, il
en faut beaucoup parler ; ce n'est pas que ces quinze
louis m'intéressent en eux-mêmes ; mais ils sont la
clef de toute l'affaire et le seul moyen d'en résoudre
tous les problèmes : car madame Goëzman, qui nie aujourd'hui d'avoir jamais reçu le prix qu'elle a mis
elle-même aux audiences de son mari, reste absolument sans réponse quand on lui demande comment
ces misérables quinze louis sont encore entre ses
mains, s'il est vrai qu'elle ait rejeté tout le reste *hautement et avec indignation*. Il en faut beaucoup parler, parce que M. Goëzman les a volontairement oubliés dans la déclaration qu'il a minutée de sa main
et que Lejay n'a fait que copier et signer. Mais permettez que je ne prenne point le change à cet égard.
On conclurait de ce silence général que Lejay n'a
point remis les quinze louis à madame Goëzman ;
qu'il l'a calomniée en disant qu'elle les avait exigés
et retenus ; qu'il a bien pu garder ainsi tout le reste,
et l'on perdrait un malheureux pour sauver les seuls
auteurs de l'exaction et de l'odieux procès qui en résulte. — Eh ! que vous importe, répondit le sieur
Marin, que ce fripon de Lejay soit sacrifié ? Ce n'est
pas un grand malheur, si vous êtes tous hors d'une
affaire qui intéresse aujourd'hui les ministres, et où
il n'y a que des coups à gagner. » Chacun s'éleva
fortement contre cette barbarie de sacrifier Lejay, et
l'on se sépara. En nous quittant, le sieur Marin pria
instamment le sieur Lépine de *lui envoyer Dairolles,
à quelque heure qu'il rentrât, pour qu'il pût lui
parler avant d'aller au Palais.*
  Le sieur Marin et M. Goëzman passèrent l'après-
midi du même jour à chercher le sieur Dairolles dans
toutes les maisons où l'on espérait le rencontrer : ce
fut en vain. L'auteur de la *Gazette de France*, in-
quiet, renvoie, le lundi à sept heures du matin, dire
au sieur Dairolles qu'il est de la dernière importance
qu'il vienne lui parler avant d'aller au Palais. Le
sieur Dairolles se rend au greffe et ne va chez l'auteur de la *Gazette* qu'en sortant de déposer. Je m'y
rencontre avec lui : la mémoire fraîche encore de tout
ce qu'il venait de dicter, le sieur Dairolles nous le

rend dans le plus grand détail. Le sieur Marin blâma fort une déposition aussi étendue. « Je vous ai cherché, dit-il, partout hier avec Goëzman (1) pour vous empêcher de faire cette sottise-là. Depuis, je vous ai fait dire de me venir parler ce matin : il suffisait de quatre mots au greffe et j'arrangeais l'affaire en deux jours, comme je l'ai dit hier à M. de Beaumarchais chez madame sa sœur. Mais il est temps encore; vous en serez quitte pour aller faire une autre déposition plus courte et sans détail; on biffera la première : il n'en sera plus question et l'affaire s'éteindra toute seule. »

Je fis sentir à mon tour au sieur Dairolles la conséquence d'une pareille conduite. « Si vous allez faire une seconde déposition, ne croyez pas qu'on annule la première; on les opposera l'une à l'autre, et toutes les deux à vous, qui tomberez précisément dans le cas de Lejay, d'être contraire à vous-même : voilà mon avis. » Le sieur Marin nous apprit ensuite qu'il allait dîner chez M. le premier président avec M. et madame Goëzman, laquelle devait, en sortant de table, aller faire sa déposition au greffe.

Le même jour, vers les sept heures du soir, je retrouvai le sieur Marin sur le Pont-Neuf. « J'ai dîné avec notre monde, me dit-il, et pendant que la femme est allée au greffe, je suis convenu avec Goëzman que j'engagerais Dairolles à l'aller voir ce soir. Il sera fort bien reçu, et lorsque Dairolles lui aura conté les choses comme elles se sont passées, son intention est d'avoir une lettre de cachet pour renfermer sa femme, et tout sera fini. J'ai vu Dairolles en sortant de chez le premier président et j'en ai tiré promesse qu'il irait ce soir chez Goëzman; mais j'ai peur qu'il ne nous manque encore. Joignez-vous à moi pour l'y engager. — Pourquoi donc faut-il que ce soit Dairolles? lui dis-je. S'il était possible de supposer que M. Goëzman ignorât ce qui se passe chez lui, et s'il faut croire pieusement qu'il ait besoin de nouvelles instructions à cet égard pour faire enfermer sa femme, que n'envoie-t-il chercher Lejay, à qui il a fait faire une fausse déclaration, et qui vient de se rétracter? Que ne demandait-il à M. le premier président cette vérité que tout Paris sait, que Lejay lui a confessée depuis peu? Que ne s'adresse-t-il à vous-

(1) Je prie que l'on pardonne la liberté de ce langage à l'obligation où je suis de citer juste.

même, qui savez aussi bien que nous à quoi vous en
tenir sur le fond de l'affaire ? Au reste, je vais voir
M. Dairolles et sonder ses intentions. »

Je me rendis à l'instant chez ma sœur, que je trouvai en conversation animée avec une autre de mes
sœurs. Le sieur Marin, me dirent-elles, a parlé de
nouveau à Dairolles cette après-midi ; ils ont été longtemps ensemble ; le dernier est venu tout échauffé
nous dire : « Comment trouvez-vous donc Marin, qui
veut absolument que j'aille changer ma déposition ?
Et sur ma résistance opiniâtre, « vous direz, m'a-t-il
» ajouté, que c'est toute cette famille Beaumarchais
» qui vous a suggéré la première (1). Quel bien espé-
» rez-vous de tous ces gens-là ? Abandonnez leurs in-
» térêts: ne songez qu'aux vôtres. Par votre déposi-
» tion de ce matin, vous perdez quatre ans de travaux
» accumulés pour obtenir les bonnes grâces de M. le
» duc d'.... au moment peut-être où vous étiez près
» d'en recueillir le fruit. Allez, mon cher compatriote,
» allez-vous-en parler à Goëzman, ce soir, et surtout
» promettez-le-moi. » Voilà, m'ajoutèrent mes sœurs,
ce que Dairolles vient de nous apprendre ` il a, dans
son premier mouvement, raconté les mêmes choses à
un de ses amis. Nous lui avons fait connaître le piége
dans lequel on veut l'attirer. Il n'ira pas ce soir chez
M. Goëzman, quoiqu'il y soit attendu. — Et moi, leur
dis-je, je vais à l'instant instruire M. le premier président de cette nouvelle intrigue. » En effet, ce magistrat respectable eut la bonté, la patience d'écouter
tout le détail qu'on vient de lire, et finit par me dire:
« Comptez que le Parlement ne fera d'injustice à personne, et qu'en temps et lieu je me souviendrai de
tout ce que vous m'avez dit. »

On avait déjà répandu au Palais que le sieur Dairolles, au désespoir de sa déposition du même jour,
qui lui avait été suggérée, était dans l'intention de
se rétracter de tout ce qu'il avait dit. Frappé du rapport de ce bruit avec les insinuations du sieur Marin,
il courut le lendemain au greffe assurer que non-seulement il démentait le fait calomnieux de sa rétractation, mais qu'il demandait la permission de confirmer

(1) Il est bon de remarquer ici qu'en parlant au sieur Dairolles
en particulier, l'auteur de la *Gazette* ne se contente plus de dire
qu'il faut changer sa première déposition ; il veut que Dairolles la
tourne contre moi, en déposant qu'elle lui a été suggérée par
toute ma famille. Ce trait a totalement dessillé mes yeux sur la
conduite du sieur Marin dans toute cette affaire.

ce qu'il avait dit la veille, et même d'y ajouter quelque chose.

De mon côté, je fus chez le sieur Marin le prier de vouloir bien ne plus correspondre avec le sieur Dairolles, au sujet de mes affaires, ce qu'il me promit.

Voilà les faits rendus dans la plus scrupuleuse exactitude. Raisonnons maintenant sur la question qu'ils ont fait naître au Parlement.

RÉFLEXIONS

Y a-t-il dans tout ce qu'on vient de lire la moindre trace du crime de corruption de juge? Y voit-on que j'aie voulu gagner le suffrage de mon rapporteur par des voies malhonnêtes? Qui osera m'en prêter la coupable intention, lorsque tous les faits parlent en ma faveur, lorsque toutes les dépositions appuient ma dénégation formelle, et lorsque l'instruction du procès ne fournit aucune preuve du contraire?

Mille raisons éloignaient de moi la pensée de manquer de respect au Parlement, en offensant un de ses membres.

1° J'avais, avec tous les jurisconsultes, si bonne opinion de ma cause, que j'aurais cru faire tort aux lumières de mes juges en doutant un moment de son succès.

2° Je n'ignorais pas qu'un juge intègre ne se laisse point corrompre par de l'argent; et que c'est le supposer corrompu d'avance et vendu à l'iniquité, que de lui en proposer.

3° J'avais déjà gagné sur délibéré cette cause en première instance aux requêtes de l'hôtel : et certes on ne supposera pas que ce fût par corruption. Y avait-il donc quelque chose en mon second rapporteur qui dût me le faire soupçonner plus corruptible et moins délicat que le premier? Je ne connaissais pas M. Goëzman, et lorsqu'il me dénonce comme son corrupteur, n'est-ce pas lui seul qui fait à sa personne un outrage auquel je n'ai pas songé? Quel juge honnête a jamais pensé de lui qu'un client le soupçonnât d'être corruptible? Si quelqu'un eût dit à Caton : Un tel homme espère acheter votre voix aux prochains comices, n'eût-il pas à l'instant répondu : vous mentez, cela est impossible.

4° Quoi! l'on irait jusqu'à supposer que l'on a mis pour moi le suffrage de M. Goëzman au misérable prix de cinquante louis! En calomniant le plaideur, on verse à pleines mains l'avilissement sur le juge. Si j'avais eu la coupable intention de corrompre mon rapporteur dans une affaire dont la perte me coûte au moins cinquante mille écus, loin de fatiguer mes amis de mes résistances, loin de marchander le prix des audiences, dont je ne pouvais me passer, n'aurais-je pas tout simplement dit à quelqu'un : « Allez assurer M. Goëzman qu'il y a cinq cents louis, mille louis à son commandement, déposés chez tel notaire, s'il me fait gagner ma cause? » Personne n'ignore que de telles négociations s'entament toujours par une proposition vigoureuse et sonnante. Le corrupteur ne veut qu'une chose, n'emploie qu'un instant, ne dit qu'un mot, est jeté par la fenêtre ou conclut son traité : voilà sa marche.

Mais quel rapport tout cela peut-il avoir avec ce qui m'arrive, et que voit-on ici? Un plaideur désolé de ne pouvoir approcher de son rapporteur, joignant ses efforts aux soins ardents de ses amis, et s'agitant inutilement pour arriver à l'inaccessible cabinet. On y voit des audiences courues, sollicitées; leur prix débattu; cent louis partagés en deux fois; une seule audience obtenue, une autre inutilement espérée; dix louis versés d'un côté, quinze louis exigés de l'autre; un bijou consommant tous ces sacrifices; beaucoup de courses inutiles, point d'accès chez le juge, et le procès perdu. On voit que les demandes successives ont entraîné des sacrifices successifs; que plus le besoin est devenu pressant, moins on a pu se rendre économe de sa bourse, et qu'enfin on n'a fait que céder à la nécessité de payer ce qu'il était indispensable d'obtenir. Il y a bien loin de cette marche à celle d'un corrupteur de juge.

Mais, dira-t-on, c'est payer bien cher une audience que d'en donner cent louis. Certainement c'est bien cher, et mes débats et les tentatives de ma sœur prouvent assez que nous l'avons pensé comme vous; mais réfléchissez que cinquante louis n'ont pas suffi pour m'obtenir la première audience, et qu'un bijou de mille écus surmonté de quinze louis n'a pu me procurer la seconde, et vous conviendrez que ce qui vous semble aujourd'hui trop acheté ne le parut pas encore assez alors. Quel homme, engagé dans les sables d'Afrique, ne payerait pas un verre d'eau cent mille ducats dans un pressant besoin?

« Mais en faisant successivement tous ces sacrifices, il est très-probable que vos demandes d'audiences n'ont été qu'un prétexte avec lequel vous avez masqué l'intention de corrompre votre juge. »

Il est très-probable!... Au reste, qu'on ne croie pas que j'invente ici des objections oiseuses pour m'amuser à les résoudre : elles m'ont toutes été faites à l'interrogatoire.

Il est très-probable! Heureusement il ne s'agit pas ici de me décider coupable sur des probabilités, mais seulement de juger sur des preuves si je le suis ou non. Que dirait de moi M. Coëzman si, repoussant sur lui le bloc dont il veut m'écraser, je m'égarais aussi dans les conjectures, en disant : Lorsque madame Goëzman vendait l'audience de son mari, *il est très-probable* qu'il était de moitié dans le traité; l'impossibilité d'entrer chez lui avant la délivrance des deniers, et le parfait accord du moment indiqué par l'agent de madame pour l'audience avec celui où monsieur l'accorda, donnent beaucoup de poids à ma conjecture. Si j'ajoutais : Celui qui reçoit de la main droite étant à bon droit soupçonné de n'avoir pas la main gauche plus pure, *il est très-probable* qu'après qu'on a eu touché mes cent quinze louis de Lejay, l'enchère s'est trouvée couverte par une autre; d'où sans doute est venue l'impossibilité d'obtenir une seconde audience, malgré les promesses du mari et de la femme; d'où est partie l'offre tardive de rendre l'argent à celui qui avait le moins donné; parce qu'en pareille affaire, on ne peut pas tout garder sans qu'un des deux payants jette les hauts cris. Si, rapprochant sous un même point de vue la frivolité des objections que M. Goëzman a faites tant à moi qu'à mon ami sur mon affaire, l'odieux soupçon qu'il a répandu que j'avais pu abuser d'une date et d'une signature en blanc pour y apposer un arrêté de compte; sa remarque insidieuse que les sommes de mon acte étaient en chiffres sur le verso (tandis qu'elles sont, avant, dix fois écrites en toutes lettres sur le recto); le désir qu'il a montré, en sortant du jugement, de faire croire qu'il avait seul décidé la perte de mon procès, lorsqu'il dit tout haut qu'on avait *opiné du bonnet d'après son avis*; la précaution de se faire faire une déclaration par Lejay avant la procédure; la lettre du sieur d'Arnaud, la mission du sieur Marin, etc., etc.; si, dis-je, embrassant tous ces faits, j'en concluais qu'*il est très-probable*... ne m'arrêteriez-vous pas tout court, en me disant qu'en une affaire aussi grave, il n'est pas per-

mis de donner des vraisemblances pour des
vérités ; que le Parlement est juge des faits et
non des intentions ; que ce n'est pas à moi à
diriger ses idées ni les conséquences qu'il doit
tirer, et qu'enfin il est calomnieux d'avancer
ce qu'on ne peut légalement prouver ? Faites-
moi donc la justice que vous exigeriez de moi,
et ne supposez pas que j'aie eu l'intention de
corrompre un juge, lorsque tout concourt à
porter jusqu'à l'évidence que je n'ai fait que
céder à la dure nécessité de payer des audiences indispensables (1).

« Mais donner de l'argent à la femme de
son rapporteur pour arriver jusqu'à lui est
une espèce de corruption détournée, très-
digne aussi des regards sévères de la justice. »

Eh ! monsieur, un homme qui ne peut se
reconnaître en un dédale obscur qu'en semant
l'or de tout côté sur son chemin n'est-il pas
assez malheureux d'y être engagé, sans qu'il
ait encore le chagrin d'en essuyer le reproche !
Eh quoi ! toujours de la corruption ? Une victime est-elle donc si nécessaire ici, qu'il faille
la désigner à quelque prix que ce soit ?

Si le suisse de mon juge m'a barré dix fois

---

(1) Si par hasard on doutait que M. Goëzman eût
fait à mon ami l'étrange objection que j'avais pu
abuser d'un blanc-seing de M. Duverney, qu'on lise
l'interpellation suivante ; elle est tirée de mon interrogatoire :

Interpellé de nous dire si l'on ne lui a pas rendu de la part de
madame Goëzman qu'il perdrait son procès, parce que son mari
le soupçonnait d'avoir rempli un blanc-seing de M. Duverney ;

A répondu que personne ne lui a rendu un propos aussi absurde qu'il est outrageant ; que la mission de M. Goëzman n'ayant
pas été de se rendre vérificateur d'écritures, mais seulement
d'examiner si un acte fait double et librement entre deux majeurs pouvait s'annuler autrement que par lettre de rescision ou
inscription de faux, seuls moyens que la loi autorise, un si odieux
soupçon, supportable au plus dans une instruction criminelle,
aurait indiqué la plus grande partialité de la part du juge en
une cause civile.

sa porte, pressé que je suis d'entrer, m'accu-
serez-vous d'être un corrupteur pour avoir
amadoué le cerbère avec deux gros écus.

Arrivé dans l'intérieur, si deux louis d'or
glissés dans la main du valet de chambre me
font pénétrer au cabinet de son maître, aurais-je donc commis un crime de lèse-majesté
magistrale en les lui abandonnant?

Forcez la progression jusqu'au secrétaire ;
allez même jusqu'à quelqu'un plus intimement attaché à mon juge, ne conviendrez-
vous pas que la somme ne fait rien à la chose
parce que les sacrifices sont toujours en raison de l'état de celui qui nous sert ?

Sans doute, il est malheureux pour un plaideur d'être obligé de parcourir, l'or à la main,
le cercle entier de tant de vexations subal-
ternes avant que d'arriver au juge qui en
occupe le centre, et le plus souvent les ignore.
Mais qu'on puisse être inculpé pour avoir cédé
à la plus tyrannique nécessité, c'est, je crois,
ce qu'on peut hardiment nier avec tous les
casuistes et jurisconsultes de l'univers.

Observez encore que l'on tomberait dans
une contradiction puérile en attaquant un
plaideur en corruption, pour avoir été forcé
d'acheter de la femme de son juge des audiences à prix d'or, lorsqu'il est reçu, reconnu,
avoué qu'on doit en offrir à tous les secrétaires des rapporteurs, dont le revenu serait
trop borné sans la générosité des clients.

En vain me direz-vous que le travail des secrétaires est au moins un prétexte aux lar-
gesses des plaideurs : et voilà précisément
d'où naît l'abus. Les deux contendants n'étant
pas plus exempts de payer l'un que l'autre
ce travail au secrétaire, il n'en est que plus
exposé à la tentation de subordonner la besogne au prix qu'il en reçoit. Alors il faut convenir que les dix, vingt-cinq, quarante ou

cinquante louis qu'on lui ferait accepter de-
viendraient un genre de corruption bien plus
dangereux autour d'un rapporteur que celui
d'intéresser sa femme. Il frapperait également
sur l'homme et sur la chose, sur le juge et
sur son travail. Car enfin sa femme peut au
plus lui recommander l'affaire; mais celui qui
en fait l'extrait est souvent le maître de la
lui présenter à son gré, de faire valoir ou d'at-
ténuer les moyens selon qu'il veut favoriser
ou nuire. L'équité d'un juge peut bien le tenir en garde contre la séduction de sa femme:
les choses qu'elle recommande étant étrangères à son état, en demandant, elle avertit de
se méfier d'elle, et son projet doit échouer,
par les moyens mêmes qu'elle prend pour le
faire réussir; au lieu que tout paraît se réunir
pour attirer un juge très-occupé dans le piége
que lui tendrait un secrétaire infidéle, et vendu
à l'une des parties.

Nous ne voyons pourtant pas de nos jours
qu'on accuse personne de vouloir corrompre
les rapporteurs, quoique chaque plaideur soit
toujours disposé près des secrétaires à couvrir l'enchère de son concurrent.

C'est donc sur la main qui reçoit que la
justice doit avoir l'œil ouvert, et non sur la
main qui donne. La faute de celle-ci n'est
qu'un accident éphémère et peu dangereux;
au lieu que l'activité toujours subsistante de
celle-là peut multiplier le mal à l'infini.

Je me fais d'autant moins de scrupule d'indiquer ici l'abus qui peut résulter de laisser
aux plaideurs à payer le travail des secrétaires, que j'ai prouvé par le témoignage honorable rendu à l'un d'eux en ce mémoire, avec
quel plaisir je rends justice à des hommes
très-honnêtes, aussi studieux qu'éclairés. Ab-
stractivement parlant, un reproche général
peut être bien fondé contre telle manière

d'exister d'un corps, sans qu'on entende en
faire d'application personnelle à aucun de ses
membres actuels.

Maintenant, qu'un gazetier (1) joigne à la
plus insidieuse annonce sa ridicule réflexion,
qu'un plaideur est *très-punissable* de chercher
à corrompre son juge, et le juge *réprehensible*
de se prêter à ses menées, on perd patience à
redresser de pareilles bévues : aussi n'est-ce
pas pour le gazetier qu'on répond qu'il fallait
dire précisément le contraire.

L'action *réprehensible* d'offrir de l'or peut au
moins s'excuser dans un plaideur emporté
par un violent intérêt. Comme il ne plaide
que pour gagner sa cause, et qu'on lui crie de
toute part : Payez! payez, ne vous lassez pas!
peut-il savoir au juste à quel point, à quelle
personne il doit s'arrêter? Qui posera la bar-
rière, et lui montrera la borne finale? Et si la
nécessité le force à passer les limites, quel
homme assez pur osera lui jeter la première
pierre?

Mais le juge, organe de la loi silencieuse, le
juge impassible et froid comme elle pour les
intérêts sur lesquels il doit prononcer, fera-
t-il sans crime de la balance de Thémis un vil
trébuchet de Plutus? L'intention du plaideur
qui donne est au moins sujette à discussion,
et peut s'interpréter de mille manières; mais
le juge qui reçoit est sans excuse aux yeux de
la loi. Si le premier doit acheter mille choses
en plaidant, le second n'a rien à vendre en
jugeant; il est donc le vrai coupable, le seul
punissable; l'autre est tout au plus *réprehen
sible.*

Mais ce n'est pas de cela qu'il s'agit ici
Où la corruption n'existe point, il n'y a point

(1) *Gazette de La Haye* du vendredi 23 juillet 1773,
no 68.

de coupable à démêler, point de corrupteur à
punir. En vain irait-on chercher dans *Papon*,
dans *Néron*, ou tel autre compilateur d'ordon-·
nances, quelque ancien arrêt des treize ou qua-
torzième siècle pour l'appliquer à la question
présente : aucun ne peut certainement lui
convenir. Les temps sont changés, les mœurs
sont différentes, et l'espèce ne saurait être
aujourd'hui la même sur rien.

Tout se faisait alors plus simplement : les
plaideurs n'avaient point d'avocats ; les juges
point de secrétaires : tel jugement dont les
frais épuisent une bourse de louis, ne coûtait
alors qu'un cornet d'épices, et telle autre
chose était un crime aux yeux de l'équité, qui
s'est tournée depuis en usage aux yeux de la
jus ice.

Et quand toutes ces raisons n'existeraient
pas, aucun arrêt n'a certainement prévu le
cas où je me trouve ; aucune loi n'a défendu
de payer des audiences indispensables, quand
on ne peut les obtenir autrement. S'il est peu
généreux de les vendre, il y a bien loin du
malheur de les acheter aux délits sur lesquels
la loi prononce des peines, et si elle n'en a
point prononcé, fera-t-on une jurisprudence
rétroactive, exprès pour appliquer une punition à tel fait dont l'usage et le silence de la
loi semblaient autoriser l'abus, nuisible aux
seuls plaideurs?

Si l'on parvenait même à rencontrer quelque ancienne ordonnance à peu près applicable à la question présente, faudrait-il donc en
tordre le sens, en étendre les dispositions
pour la faire cadrer à cet événement? Il est
une maxime de jurisprudence criminelle dont
on ne peut s'écarter ; c'est qu'en toute loi pé-
nale les cas de rigueur ne reçoivent jamais
d'extension, à cause du danger extrême des
conséquences.

Mais indépendamment d'un danger applicable à tous les cas, les juges ont certainement prévu celui qui résulterait en particulier d'un arrêt, lequel, au lieu de décharger
de l'accusation un plaideur qui n'a fait que
céder, en payant, à la plus tyrannique nécessité, sévirait contre lui dans un prononcé
foudroyant. Serait-ce comme corrupteur?
nous avons prouvé qu'il ne l'est ni n'a voulu
l'être : comme payeur d'audience? dans le fait
et dans le droit il n'y a pas de sa part l'ombre
d'un délit.

On sent que le désir de mettre un frein,
par un exemple à la corruption, pourrait seul
dicter un pareil arrêt ; mais les magistrats
sont bien convaincus que cet arrêt prouverait
mieux leur sévérité qu'il n'honorerait leur
prévoyance : ils savent qu'en en faisant porter la rigueur sur la partie déjà souffrante,
et qu'en se trompant ainsi sur le choix de la
victime, au lieu de couper le mal dans sa racine, on courrait le danger de l'accroître à l'infini.

Osons le dire avec liberté : si jamais il existait un juge avide et prévaricateur, chargé de
l'examen d'un procès, ne deviendrait-il pas le
maître à l'instant d'abuser d'un pareil arrêt,
comme d'une permission enregistrée, pour
dépouiller impunément les plaideurs? L'arrêt
à la main, donne-moi cent louis, pourrait-il
dire à son client, si tu veux avoir audience ;
mais quand tu l'auras payée, soit que je te
l'accorde ou non, lis cet arrêt, et tremble de
parler.

                    CARON DE BEAUMARCHAIS.

Monsieur DOÉ DE COMBAULT, rapporteur.

          Mᵉ MALBESTE, avocat.

SUPPLÉMENT AU MÉMOIRE A CONSULTER

———

Pressé d'établir mon innocence par l'exposé des faits, j'ai hasardé mon premier mémoire. Mais avoir dit la vérité dans un commencement d'affaire est un engagement pris envers les juges et le public de continuer à la leur offrir sans relâche et sans déguisement jusqu'à sa conclusion.

J'ai trop appris, aux dépens de mon repos, combien il est dangereux d'avoir un ennemi qualifié; j'ai pensé payer d'une partie de ma fortune le malheur de combattre un adversaire en crédit. Aujourd'hui, ce qui devait me faire trembler me rassure.

Moins obligé d'avoir du talent, parce que j'ai du courage, la nécessité d'écrire contre un homme puissant est mon passe-port auprès des lecteurs. Je ne m'abuse point : il s'agit moins pour le public de ma justification, que de voir comment un homme isolé s'y prend pour soutenir une aussi grande attaque et la repousser tout seul.

Quant à mes juges, être bien persuadé que je n'aurai pas moins de faveur à leurs pieds que mon adversaire assis au milieu d'eux; m'y présenter avec la plus grande confiance, est rendre au Parlement ce que je lui dois. Ce principe adopté, l'on sent que tout ménagement qui m'eût empêché de me défendre contre un juge ne m'eût paru qu'une insulte au corps entier des magistrats.

Et tel était mon argument auprès des gens de loi, quand j'y cherchais un défenseur. Mais je parlais à des sourds; ils fuyaient tous en me criant de loin : c'est un de *Messieurs*, ne m'approchez pas. D'où vient donc tant d'effroi? je ne demande que justice. *Dieu et mon droit* n'est-il plus le cri de réclamation qui rend tous les sujets d'un roi juste recommandables aux yeux de la loi? ou mon adversaire est-il l'arche du Seigneur, et sacré au point qu'on ne puisse y toucher sans être frappé de mort? Mes ennemis sont nombreux et je suis seul; mais au tribunal de l'équité, le plus ferme appui de l'innocence est de n'en avoir aucun. Vos terreurs ne m'arrêteront donc point; je me défendrai moi-même. Vous ne voyez que des hommes où je parle à des juges. Vous craignez leurs ressentiments; moi, j'espère en leur intégrité. Qui de nous deux les honore mieux à votre avis? Mais y eût-il du danger pour moi, je préférerais de m'y exposer par un excès de confiance, à la bassesse de les outrager par une défiance malhonnête; et s'il faut me montrer enfin tel que je suis, j'aimerais mieux trébucher même en ce combat avec leur estime et celle des honnêtes gens, que de chercher, en le fuyant, ma sûreté dans un mépris universel (1).

Mon premier mémoire a laissé le procès

(1) Ma confiance en l'équité de mes juges paraîtra bien plus courageuse encore quand on saura que, par une bizarrerie remarquable dans tous les événements de ma vie, à l'instant même où je suis aux pieds du Parlement pour lui demander justice contre M. Goëzman, je suis forcé de solliciter au conseil du roi la cassation de l'arrêt du Parlement rendu sur le rapport et *d'après l'avis de M. Goëzman*, qui m'a fait perdre cinquante mille écus! quand on saura que ma requête est admise, et que j'ai déjà obtenu un arrêt de *soit communiqué*. Mais c'est ainsi que les juges doivent être honorés. Si la loi permet de se pourvoir en cassation d'arrêt, ce n'est pas que les tribunaux soient iniques, c'est que les affaires ont deux faces, et que les juges sont des hommes.

seulement réglé à l'extraordinaire. C'était po-
ser la plume à l'instant où il devenait intéressant de la prendre. Ce nouvel aspect des
choses, annonçant que le Parlement voulait
traiter l'affaire au plus grave, abattait le courage de mes amis; il a relevé le mien. Si l'on
avait voulu juger légèrement, disais-je, étouffer le fond en étranglant la forme, et ne pas
peser chaque chose au poids de la plus exacte
équité, tout n'est-il pas connu sur ce qui me
regarde? Ce qui ne l'est pas de même est la
branche du procès qui touche M. et madame
Goëzman. Le règlement à l'extraordinaire
peut seul éclaircir cette importante partie de
ma justification; il est donc beaucoup plus en
ma faveur que contre moi.

Si j'ai bien ou mal raisonné, c'est ce que la
suite va nous apprendre. Je supplie le lecteur
de m'accorder autant d'attention que d'indulgence. Quand je n'avais à raconter qu'une
suite de faits non disputés, j'ai pu soutenir
un moment sa curiosité par mon empressement à la satisfaire, et sauver l'aridité du sujet par la rapidité de la marche; mais aujour-
d'hui qu'il me faut discuter lentement les
moyens de mes adversaires, les éplucher
phrase à phrase, et me traîner après eux dans
le caveau de la mine où ils ont cru m'ense-
velir, on sent que ma marche en deviendra
pesante, et qu'il me faut ici plus de méthode
que d'esprit, plus de sagacité que d'éloquence.

Ce n'est pas le fond du procès que je vais
examiner; il est connu par mon premier mémoire. J'examinerai seulement la manière
dont mes adversaires ont engagé l'affaire, et
l'ont soutenue contre moi jusqu'à ce jour.
C'est une espèce de second procès dans le premier, comme l'épisode du sieur Marin et toutes ses nouvelles menées en donneront bientôt un troisième dans le second.

Surtout appliquons-nous à bien effacer la tache de corruption qu'on a voulu m'imprimer : forçons madame Goëzman à se rétracter. Car si M. Goëzman est mon véritable adversaire, il ne faut pas oublier que sa femme est mon unique contradicteur. C'est sur la foi de ce seul témoin qu'il m'a dénoncé comme ayant voulu *le corrompre et gagner son suffrage.*

Quant à ce dernier nœud, le plus difficile de tous, madame Goëzman l'a coupé au moment qu'on s'y attendait le moins, en dictant dans son récolement, auquel elle s'est toujours tenue depuis, cette phrase remarquable et qui juge le procès : « Je déclare que jamais Lejay ne m'a présenté d'argent pour gagner le suffrage de mon mari, qu'on sait bien être incorruptible; mais qu'il *sollicitait* seulement des *audiences* pour le sieur de Beaumarchais. »

On en connaît assez déjà pour être certain que mes ennemis ne s'étaient pressés de s'emparer de l'attaque que par la frayeur d'être chargés du poids de la défense; mais ils ont beau faire, il faudra toujours y revenir, parce qu'en acceptant le défi j'ai pris pour devise : *Courage et vérité.*

Se plaindront-ils que je me sois trop pressé de parler? Leurs déclarations étaient fabriquées; la lettre de d'Arnaud les appuyait; les soins de Marin en promettaient le succès; j'étais dénoncé au Parlement; les témoins entendus; les chambres assemblées; l'arrêt intervenu; Lejay emprisonné; moi décrété; les interrogatoires accumulés; les bruits les plus funestes répandus; les diffamations les plus indécentes admises; et moi, j'étais muet et tranquille. Qu'ils s'agitent, qu'ils cabalent et me dénigrent sans relâche: ils ont tort, dis-je; c'est à eux de se tourmenter : si la vigilance est utile à la vertu, elle est bien plus nécessaire au vice : un moment viendra où j'éclaircirai tout. Il est arrivé. Parler plus tôt eût été fomenter un débat inutile ; attendre plus tard aurait compromis mon droit : je le fais, et je continuerai à le faire, avec le respect et la confiance dus à mes juges. Heureux si mes défenses obtiennent la sanction du suffrage public !

Je passe sous silence mes confrontations avec les témoins, avec le sieur Baculard d'Arnaud, conseiller d'ambassade ; avec le sieur Marin, gazetier de France ; en un mot ce qu'on pourrait appeler la petite guerre, que je réserve pour un mémoire particulier, pour arriver bien vite aux objets intéressants, qui sont mes confrontations avec madame Goëzman, l'examen des déclarations attribuées à Lejay, et la dénonciation de M. Goëzman au Parlement (1).

La première partie de ce mémoire, en montrant de quel ridicule le conseil de madame Goëzman l'a forcée de se couvrir dans ses défenses, va porter ma justification au plus haut degré d'évidence.

La seconde, en éclairant le fond de la scène, nous met sur la trace du principal acteur, et découvre enfin la main qui fait jouer tous les ressorts de cette noire intrigue.

PREMIÈRE PARTIE

Madame Goëzman

Avant d'entamer les confrontations de madame Goëzman avec moi, il est bon de dire un mot de son plan de défense, le meilleur de tous, s'il était aussi sûr qu'il est commode.

A mesure qu'il se présentait un témoin, ma-

(1) J'attends en ce moment quatre ou cinq mémoires contre moi annoncés dans les papiers publics. Il en a

dame Goëzman commençait par le reprocher,
le récuser, l'injurier, avant même qu'il eût
parlé; puis le laissait dire.

C'est ainsi que le sieur Santerre, chargé de
m'accompagner partout, en fut très-mal-
traité, parce qu'il s'était trouvé présent à
l'audience que j'avais obtenue de son mari, et
m'avait vu remettre à son laquais la lettre qui
me l'avait procurée. Il eut beau représenter
que, s'il n'eût pas été avec moi, il ne pourrait
certifier ce qu'il n'aurait pas vu; et qu'en aucune affaire il n'y aurait pas de témoins
écoutés, et si on les récusait en vertu même
de l'action qui les admet à témoigner; la dame
assura qu'il était *de la clique infâme qui voulait
flétrir sa réputation et celle du magistrat le plus
vertueux;* et s'en tint à sa récusation : c'était
son thème; il lui était défendu de s'en écarter; rien ne put l'en faire sortir.

M⁰ Falconnet vint ensuite, et fut traité
comme le sieur Santerre. — Mais, madame,
entendez donc que je suis l'avocat, et que j'ai
dû accompagner mon client chez son juge.
Assigné depuis pour déposer ce que j'ai vu,
puis-je refuser à la vérité le témoignage qu'on
me force de lui rendre? — C'était un parti
pris : il fut récusé comme les autres : enfin
tout autant qu'il s'en présenta se virent reprochés, récusés, injuriés sans pitié : chacun
disait en sortant : quelle femme! je plains
Beaumarchais; s'il n'est que souffleté dans sa

---

déjà paru deux, l'un du sieur Baculard d'Arnaud,
l'autre du gazetier de France. Dans ce dernier, après
quelques plaintes sur *la fausseté des calomnies et
l'indécence des outrages* répandus dans un libelle
signé, dit-on, *Beaumarchais Malbête,* le gazetier de
France entreprend de se justifier par un petit mani-
feste signé Marin, qui n'est pas Malbête. M. Goëzman les distribue tous deux; c'est chez lui que j'ai
fait prendre les exemplaires que j'en ai.

confrontation, il pourra se vanter d'en être
quitte à bon marché.

Un seul témoin parut redoutable à madame
Goëzman ; autant elle avait été fière avec tous
les hommes, autant elle fut modeste avec la
dame Lejay ; soit qu'elle comptât moins sur
les égards d'une personne de son sexe, ou que
leur ancienne liaison lui donnât quelque inquiétude : et cette différence est d'autant plus
remarquable, que la dame Lejay la charge
expressément dans sa déposition d'avoir reçu
cent louis pour une audience, d'en avoir
exigé et retenu quinze autres, d'avoir sollicité
Lejay en sa présence de nier tout ce qui s'est
fait entre eux, et de l'avoir voulu faire passer
chez l'étranger pendant qu'on accommoderait
l'affaire à Paris; d'avoir dit, en parlant de
M. Goëzman, devant plusieurs personnes :
« Il serait impossible de se soutenir honnêtement avec ce qu'on nous donne ; mais nous
avons l'art de plumer la poule sans la faire
crier (1). » La dame Lejay même ajoutait verbalement que madame Goëzman leur avait
dit, au sujet des quinze louis qu'elle se promettait bien de ne pas rendre : « Tout ce que
je regrette, c'est de n'avoir pas aussi gardé
la montre et les cent louis ; il n'en serait aujourd'hui ni plus ni moins ; » mais que ne
pouvant engager Lejay à vaincre son horreur
pour un faux serment, elle lui avait dit enfin :
« Je trouve un remède à vos répugnances ;
nous nierons hardiment ; puis le lendemain
nous ferons dire une messe au Saint-Esprit,
et tout sera réparé. »

Un pareil témoin méritait bien le démenti,
la récusation, l'injure, le reproche. Au lieu de

(1) Je rétablis ici le propos dans toute sa pureté.
Je ne le savais que par ouï-dire lors de mon premier
mémoire. Aujourd'hui j'ai lu. Il faut citer juste.

l'apostrophe ordinaire, madame Goëzman rougit, se tait, rêve longtemps, se fait lire une seconde fois la déposition : on croit qu'elle veut la mieux comprendre, afin de la mieux combattre; elle rougit de nouveau, se trouble, demande un verre d'eau, et finit par dire en tremblant : « Madame, nous sommes ici pour avouer la vérité ; dites si je me suis jamais comportée indécemment dans votre boutique en badinant avec les gens qui y étaient lorsque je vous ai visitée ? — Non, madame; aussi n'ai-je pas dit un mot de cela dans ma déposition. — Dites, je vous prie, madame, si j'ai jamais monté seule avec M. Lejay dans sa chambre, et si j'y suis restée enfermée avec lui de manière à donner à rire et a faire jaser sur mon compte? — Eh! mon Dieu, madame, vous m'étonnez beaucoup avec vos étranges questions; tout ce que vous demandez a-t-il aucun rapport à l'affaire qui nous rassemble ? Il s'agit de cent louis que vous avez reçus, de quinze louis que vous avez dans vos mains, et non de vos tête-à-tête avec mon mari, dont personne ne se plaint. — Madame, je proteste devant qui il appartiendra que j'ai rendu les cent louis et la montre. A l'égard des quinze louis, cela ne regarde personne : c'est une affaire entre M. Lejay et moi. » Et cette étonnante explication est entièrement consignée au procès.

Remarquez bien que l'accusée ne nie pas au témoin les quinze louis et qu'elle se contente d'écarter avec soin tout ce qui peut en amener la discussion : « A l'égard des quinze louis, c'est une affaire entre M. Lejay et moi. » Pas un mot sur les faits de la déposition; nulle autre interpellation : des larmes furtives seulement qui font présumer que le témoignage qu'elle invoque sur sa conduite avec le sieur Lejay se rapporte à quelques chagrins domestiques dont elle ne juge pas à propos de rendre compte à la cour. Le greffier attend ses interpellations sur le fond de l'affaire; mais madame Goëzman, au grand étonnement des spectateurs, borne là toutes ses questions, proteste qu'elle n'a rien de plus à dire, et ferme la séance.

Je me réserve à faire mes observations sur cette conduite, quand j'aurai montré madame Goëzman dans toute sa force avec moi. On va la voir, en me parlant, prendre un ton bien différent; mais ce rapprochement, loin de nuire à la vérité que nous cherchons, la montrera peut-être mieux à des yeux non prévenus, que tous les arguments que j'emploierais pour la mettre au grand jour.

Confrontation de moi à madame Goëzman.

On n'imaginerait pas combien nous avons eu de peine à nous rencontrer, madame Goëzman et moi, soit qu'elle fût réellement incommodée autant de fois qu'elle l'a fait dire au greffe, soit qu'elle eût plus besoin d'être préparée pour soutenir le choc d'une confrontation aussi sérieuse que la mienne. Enfin, nous sommes en présence.

Après les serments reçus et les préambules ordinaires sur nos noms et qualités, on nous demanda si nous nous connaissions. « Pour cela non, dit madame Goëzman; je ne le connais ni ne veux jamais le connaître. » Et l'on écrivit. — « Je n'ai pas l'honneur non plus de connaître madame; mais en la voyant, je ne puis m'empêcher de former un vœu tout différent du sien. » Et l'on écrivit.

Madame Goëzman, sommée ensuite d'articuler ses reproches, si elle en avait à fournir contre moi, répondit : « Écrivez que je reproche et récuse monsieur parce qu'il est mon ennemi capital, et parce qu'il a une âme atroce connue pour telle dans tout Paris, etc. »

Je trouvai la phrase un peu masculine pour une dame; mais en la voyant s'affermir sur son siége, sortir d'elle-même, enfler sa voix pour me dire ces premières injures, je jugeai qu'elle avait senti le besoin de commencer l'attaque par une période vigoureuse pour se mettre en force, et je ne lui en sus pas mauvais gré.

Sa réponse écrite en entier, on m'interroge à mon tour. Voici la mienne : « Je n'ai aucun reproche à faire à madame, pas même sur la petite humeur qui la domine en ce moment; mais bien des regrets à lui montrer de ne devoir qu'à un procès criminel l'occasion de lui offrir mes premiers hommages. Quant à l'atrocité de mon âme, j'espere lui prouver par la modération de mes réponses et par ma conduite respectueuse, que son conseil l'a mal informée sur mon compte. » Et l'on écrivit. Tel est en général le ton qui a régné entre cette dame et moi pendant huit heures que nous avons passées ensemble en deux fois.

Le greffier lit mes interrogatoires et récolements, après lesquels on demande à madame Goëzman si elle a quelques observations à faire sur ce qu'elle vient d'entendre. « Ma foi non, monsieur, répond-elle en souriant au magistrat; que voulez-vous que je dise à tout ce fatras de bêtises ? Il faut que ce monsieur ait bien du temps à perdre pour avoir fait écrire tant de platitudes. » Je ne fus pas fâché de la voir un peu adoucie sur mon compte, car enfin des bêtises ne sont pas des atrocités

« Faites vos interpellations, madame, lui dit le conseiller-commissaire. Je suis obligé de vous prévenir qu'après ce moment il ne sera plus temps. — Eh mais! sur quoi, monsieur?... Je ne vois pas, moi... Ah!... écrivez qu'en général toutes les réponses de monsieur sont fausses et suggérées. »

Je souriais. Elle voulut en savoir la raison : « C'est, madame, qu'à votre exclamation j'ai bien jugé que vous vous rappeliez subitement cette partie de votre leçon, mais vous auriez pu l'appliquer plus heureusement. Sur une foule d'objets qui vous sont étrangers dans mes interrogatoires, vous ne pouvez savoir si mes réponses sont *fausses* ou vraies. A l'égard de *la suggestion*, vous avez certainement confondu, parce qu'étant regardé par votre conseil comme le chef *d'une clique* (pour user de vos termes), on vous aura dit que je suggérais les réponses aux autres, et non que les miennes m'étaient *suggérées*. Mais n'auriez-vous rien à dire sur la lettre que j'ai eu l'honneur de vous écrire et qui m'a procuré l'audience de M. Goëzman? — Certainement, monsieur... attendez.

écrivez... quant à l'égard de la soi-disante audience...
de la soi-disante... audience... »

Tandis qu'elle cherche ce qu'elle veut dire, j'ai le
temps de faire observer au lecteur que le tableau de
ces confrontations n'est point un vain amusement que
je lui présente : il m'est très-important qu'on y voie
l'embarras de la dame pour lier à des idées très-com-
munes les grands mots de palais dont son conseil
avait eu la gaucherie de les habiller. « La soi-disante
audience... envers et contre tous... ainsi qu'elle avi-
sera... un commencement de preuves par écrit... » et
autres phrases où l'on sent la présence du dieu qui
inspire la prêtresse et lui fait rendre ses oracles en
une langue étrangère, qu'elle-même n'entend point.

Enfin madame Goëzman fut si longtemps à chercher, répétant toujours la *soi-disante audience*... le
greffier la plume en l'air et nos six yeux braqués sur
elle, que M. Chazal, commissaire, lui dit avec douceur:
« Eh bien, madame, qu'entendez-vous par la *soi-disante audience* ? Laissons les mots, assurez vos
idées; expliquez-vous et je rédigerai fidèlement votre
interpellation. — Je veux dire, monsieur, que je ne
me mêle point des affaires ni des audiences de mon
mari, mais seulement de mon ménage, et que si monsieur a remis une lettre à mon laquais, ce n'a été que
par excès de méchanceté : ce que je soutiendrai envers et contre tous. » Le greffier écrivait. « Daignez
nous expliquer, madame, quelle méchanceté vous entendez trouver dans l'action toute simple de remettre
une lettre à un valet ? » Nouvel embarras sur ma
méchanceté ; cela devenait long... et si long... que
nous laissâmes là ma méchanceté; mais en revanche
elle nous dit : « S'il est vrai que monsieur ait apporté
une lettre, auquel de nos gens l'a-t-il remise? — A un
jeune laquais blondin qui nous dit être à vous, madame. — Ah! voilà une bonne contradiction! Écrivez
que monsieur a remis la lettre à un blondin; mon laquais n'est pas blond, mais châtain clair. (Je fus at-
téré de cette réplique.) Et, si c'était mon laquais,
comment est ma livrée ? » Me voilà pris : cependant,
me remettant un peu, je répondis de mon mieux :
« Je ne savais pas que madame eût une livrée particulière. — Écrivez, écrivez, je vous prie, que monsieur,
qui a parlé à mon laquais, ne sait pas que j'ai une livrée particulière, moi qui en ai deux, celle d'hiver et
celle d'été. — Madame, j'entends si peu vous contester les deux livrées d'hiver et d'été, qu'il me semble

même que ce laquais était en veste du printemps du matin, parce que nous étions au 3 avril. Pardon si je me suis mal expliqué. Comme en vous mariant il est naturel que vos gens aient quitté votre livrée pour ne plus porter que celle de la maison Goëzman, je n'aurais pu distinguer à l'habit si le laquais était à monsieur ou à madame. Il a donc bien fallu sur ce point délicat m'en rapporter à sa périlleuse parole : au reste, qu'il soit blond ou châtain clair; qu'il portât la livrée Goëzman ou la livrée Jamar (1), toujours est-il vrai que, devant deux témoins irréprochables, maître Falconnet et le sieur Sancerre, un laquais, *soi-disant* à vous, a été chargé par moi, sur le perron de votre escalier, d'une lettre qu'il ne voulait pas porter alors, parce que monsieur, disait-il, était avec madame; qu'il porta cependant quand je l'eus rassuré, et dont il nous rendit cette réponse verbale : «Vous pouvez monter au cabinet de Monsieur ; il va s'y rendre à l'instant par un escalier intérieur. » En effet, M. Goëzman nous y joignit peu de temps après.

» Tout ce bavardage ne fait rien, reprit madame Goëzman. Vous n'avez pas suivi mon laquais sur l'escalier, par-devant témoins ; ainsi vous ne pouvez attester qu'il m'ait remis la lettre en mains propres, et moi, *je déclare que je n'ai jamais reçu aucune lettre de monsieur, ni de sa part; et que je ne me suis mêlée nullement de lui faire avoir cette audience.* Écrivez exactement.

» — Eh! dieux ! madame, à quel soupçon nous livrez-vous ? C'est bien pis, si vous n'avez pas reçu ma lettre des mains du laquais : comme il est prouvé au procès que cet homme l'a prise des miennes, et que l'apparition de M. Goëzman s'accorde en tout avec la réponse verbale du châtain-clair, il en faudrait conclure que ce perfide laquais de femme aurait remis la lettre à votre mari : cette lettre, madame, par laquelle vous étiez sommée, *suivant votre accord avec Lejay,* de me procurer l'audience; il en faudrait conclure que cet époux, non moins honnête que curieux, se serait cru, en galant homme, obligé de tenir les engagements de sa femme, et... achevez la phrase, madame ; en honneur, je n'ai pas le courage de la

(1) Madame Goëzman, étant fille, s'appelait mademoiselle Jamar; mais il n'est pas vrai qu'elle fût comédienne à Strasbourg quand M. Goëzman l'épousa, comme le dit faussement le gazetier de La Haye, qui n'épargne pas plus les juges que les plaideurs.

pousser plus loin : décidez lequel des deux époux ouvrit la lettre qui produisit l'audience; mais si vous persistez à soutenir que ce n'est pas vous, ne dites plus au moins que je compromets M. Goëzman dans cette affaire; il est bien prouvé pour le coup que c'est vous-même qui le compromettez. — *Laissez-moi* tranquille, monsieur, reprit-elle avec colère; s'il fallait répondre à tant d'impertinences, on resterait sur cette sotte lettre jusqu'à demain matin : *je m'en tiens à ce que j'ai dit, et n'y veux pas ajouter un mot davantage.* »

Comme c'était sur mon interrogatoire qu'on argumentait et que madame Goëzman ne poussa pas plus loin ses observations, ma confrontation avec elle fut close à l'instant. Alors il fut question de la sienne avec moi; car pour l'instruction de ceux qui sont assez heureux pour n'avoir pas encore été dénoncés par M. Goëzman sur des audiences payées à sa femme, il est bon d'observer que, quand des accusés sont confrontés l'un à l'autre, celui dont on a lu l'interrogatoire n'a pas le droit d'interpeller; il ne fait que répliquer, observer; mais il prend sa revanche, il interpelle à son tour à la lecture des pièces de son coaccusé.

Il en résulte que, lorsqu'un accusé a fait le tour entier des confrontations actives et passives, il connaît le procès à peu près aussi bien que ceux qui doivent le juger.

Je puis donc attester de nouveau que tout ce que j'ai avancé dans mon premier mémoire. sur la seule conviction de mon innocence, est exactement conforme aux pièces du procès : je m'en suis convaincu à leur lecture, et ce n'est pas sans raison que je pèse là-dessus. Il se répand dans le public que la seule réponse due à mon mémoire est d'assurer que c'est un tissu de faussetés naïvement débitées.

Laissons cette faible ressource à l'iniquité : ne lui disputons pas ce triomphe d'un moment. Elle n'en aura point d'autre.

O mes juges! c'est à vous que j'ai l'honneur d'adresser ce que j'écris. Vous lirez, vous comparerez tout, et vous me vengerez de ces nouvelles calomnies. C'est votre jugement qui m'en fera raison. Voudrais-je en imposer sous vos yeux au public! On entend partout mes ennemis crier contre moi, s'agiter, menacer. En me ménageant plus, ils me serviraient moins. Aux yeux de l'équité, le mal qu'on veut à l'innocence est la mesure du bien qu'on lui fait. Ils voudraient m'effrayer sur le procès et sur les juges; m'amener à redouter l'injustice de ceux à qui je viens demander raison de la leur et me faire puiser la terreur dans le sein même où je viens chercher la paix. O mes juges! ma confiance en vous se ranime et s'accroît par les efforts accumulés pour l'éteindre. Echauffés sur la sainteté de votre ministère, vous saisirez cette occasion de vous honorer aux yeux de la nation qui vous attend : elle se souviendra surtout qu'en vengeant un faible citoyen, vous n'avez pas oublié que son adversaire était conseiller au Parlement.

Confrontation de madame Goëzman à moi.

Il était tard ; à peine eut-on le temps ce jour-là de lire les interrogatoires et récolements de madame Goëzman. Ah! grands dieux! quels écrits! Figurez-vous un chef-d'œuvre de contradictions, de maladresses et de turpitudes, et vous n'en aurez pas encore une véritable idée. Je ne pus m'empêcher de m'écrier : « Quoi! madame, il y a quelqu'un au monde assez ennemi de lui-même pour vous confier son honneur et le secret d'une intrigue aussi sérieuse à défendre! Pardon; mon étonnement ici porte moins sur vous que sur le conseil qui vous met en œuvre. — Eh! qu'y a-t-il donc, monsieur, s'il vous plaît, dans tout ce qu'on vient de lire? — Que vous êtes, madame, une femme très-aimable, mais que vous manquez absolument de mémoire . et c'est ce que j'aurai l'honneur de vous prouver demain matin. »

Je demande pardon au lecteur si mon ton est un peu moins grave ici qu'un tel procès ne semble le comporter. Je ne sais comment il arrive qu'aussitôt qu'une femme est mêlée dans une affaire, l'âme la plus farouche s'amollit et devient moins austère : un vernis d'égards et de procédés se répand sur les discussions les plus épineuses, le ton devient moins tranchant, l'aigreur s'atténue, les démentis s'effacent, et tel est l'attrait de ce sexe qu'il semblerait qu'on dispute moins avec lui pour éclaircir des faits que pour avoir occasion de s'en rapprocher.

Eh! quel homme assez dur se défendrait de la douce compassion qu'inspire un trop faible ennemi poussé dans l'arène par la cruauté de ceux qui n'ont pas le courage de s'y présenter eux-mêmes! qui peut voir sans s'adoucir une jeune femme jetée entre des hommes et forcée par l'acharnement des uns de se mettre aux prises avec la fermeté des autres, s'égarer dans ses fuites, s'embarrasser dans ses réponses, sentir qu'elle en rougit, et rougir encore plus de dépit de ne pouvoir s'en empêcher!

Ces greffes, ces confrontations, tous ces débats virils ne sont point faits pour les femmes : on sent qu'elles y sont déplacées; le terrain anguleux et dur de la chicane blesse leurs pieds délicats; appuyées sur la vérité même, elles auraient peine à s'y porter: jugez quand on les force à y soutenir le mensonge! Aussi, malheur à qui les y poussa! Celui qui s'appuie sur un faible roseau ne doit pas s'étonner qu'il se brise et lui perce la main.

Que dans le principe on ait fait nier à madame Goëzman qu'elle a mis à profit son influence sur le cabinet de son mari, il n'y avait pas encore grand mal; mais lorsque les décrets lancés ont suspendu l'état et coupé la fortune des citoyens; lorsque les cachots sont remplis et que des malheureux y gémissent, qu'on ait le honteux courage d'exposer une femme, aussi troublée par le cri de sa conscience qu'effrayée sur les suites de sa démarche, à se défendre en champ clos contre la force et la vérité réunies... c'est presque moins une atrocité qu'une maladresse insoutenable.

Aussi madame Goëzman, au lieu de se trouver au greffe le lendemain à dix heures du matin, comme elle avait promis, eut-elle bien de la peine à s'y rendre sur les quatre heures après midi. Je m'aperçus néanmoins que de nouveaux confortatifs avaient remonté son âme à peu près au même point de jactance et d'aigreur où je l'avais vue en commençant la veille avec moi. Mais j'avais lu ses défenses. Les rires, les propos forcés, les éclairs de fureur, les tonnerres d'injures étaient devenus sans effet.

Pour prévenir un nouvel orage, je pris la liberté de lui dire : « Aujourd'hui, madame, c'est moi qui tiens l'attaque, et voici mon plan. Nous allons repasser vos interrogatoires et récolements: mais chaque injure que vous me direz, permettez que je m'en venge à l'instant en vous faisant tomber dans de nouvelles contradictions. — De nouvelles, monsieur? Est-ce qu'il y en a dans tout ce que j'ai dit? — Ah! bon Dieu, madame, elles y fourmillent; mais j'avoue qu'il est encore plus étonnant de ne pas les apercevoir en relisant que de les avoir faites en dictant. »

Je pris les papiers pour les parcourir. « Comment donc! est-ce que monsieur a la liberté de lire ainsi tout ce qu'on m'a fait écrire ? — C'est un droit, madame, dont je ne veux user qu'avec toute sorte d'égards. Dans votre premier interrogatoire, par exemple, à seize questions de suite sur un même objet, c'est à savoir *si vous avez reçu cent louis de Lejay pour procurer une audience au sieur de Beaumarchais*, je vois, au grand honneur de votre discrétion, que les seize réponses ne sont chargées d'aucun ornement superflu.

« Interrogée si elle a reçu cent louis en deux rouleaux, a répondu : *Cela est faux*. Si elle les a serrés dans un carton de fleurs : *Cela n'est pas vrai*. Si elle les a gardés jusqu'au procès : *Mensonge atroce*. Si elle n'a pas promis une audience à Lejay pour le soir même : *Calomnie abominable*. Si elle n'a pas dit à Lejay : l'or n'était pas nécessaire et votre parole m'eût suffi : *Invention diabolique*, etc., etc. Seize dénégations de suite au sujet des cent louis »

Et cependant au second interrogatoire, pressée sur le même objet, on voit que madame Goëzman a répondu librement : « qu'il est vrai que Lejay lui a présenté cent louis ; *qu'il est vrai qu'elle les a serrés et gardés dans son armoire un jour et une nuit*, mais uniquement par complaisance pour ce pauvre Lejay; parce que c'est un bon homme, qui n'en sentait pas la conséquence, qui d'ailleurs lui est utile pour la vente des livres de son mari ; et parce que cet argent pouvait le fatiguer dans des courses qu'il allait faire. » (Quelle bonté! la somme était en or.)

Comme ces réponses sont absolument contraires aux premières, je vous supplie, madame, de vouloir bien nous dire auquel des deux interrogatoires vous entendez vous tenir sur cet objet important? » A l'un ni à l'autre, monsieur : tout ce que j'ai dit là ne signifie rien, et je m'en tiens à mon récolement, qui est la seule pièce contenant vérité. » Tout cela s'écrivait.

« Il faut convenir, lui dis-je, madame, que la méthode de récuser ainsi son propre témoignage après avoir récusé celui de tout le monde serait la plus commode de toutes si elle pouvait réussir. En attendant que le Parlement l'adopte, examinons ce qui est dit sur ces cent louis dans votre récolement. Madame Goëzman y assure « qu'elle était à sa toilette lorsque » Lejay lui a présenté les cent louis; elle assure qu'elle » l'a prié de les remporter (mais sans indignation

» pourtant), et *que, lorsqu'il a été parti, elle a été*
» *tout étonnée de les retrouver dans un carton de*
» *fleurs au coin de sa cheminée,* et qu'elle a envoyé
» *trois fois* dans la journée dire à ce pauvre Lejay
» de venir reprendre son argent; ce qu'il n'a fait que
» le lendemain. »

» Observez, madame, que d'un côté vous avez rejeté
les cent louis avec indignation, que de l'autre vous les
avez serrés avec complaisance, et que de l'autre enfin,
c'est à votre insu que l'or est resté chez vous. Voilà
trois narrations du même fait assez dissemblables :
quelle est la bonne, je vous prie? — *Je vous l'ai dit,*
monsieur, je m'en tiens à mon récolement. — Ose-
rais-je vous demander, madame, pourquoi vous reje-
tez les réponses de votre second interrogatoire, qui
me paraît se rapprocher davantage de la véritable
vérité? — Je n'ai rien à répondre; mes raisons sont
dans mon récolement; vous pouvez les y lire. »

En effet, j'y lus non sans étonnement : « Madame
Goëzman, interpellée de nous déclarer si son second
interrogatoire contient vérité, si elle entend s'y tenir
et si elle n'y veut rien changer, ajouter ni retrancher,
a répondu que son second interrogatoire contient vérité; qu'elle entend s'y tenir et n'y veut rien changer,
ajouter ni retrancher, fors seulement que tout ce qu'elle
y a dit est faux d'un bout à l'autre. » On y lit ensuite
ces propres mots : « parce que, ce jour-là, madame
Goëzman prétend qu'elle ne savait ce qu'elle disait,
et n'avait pas sa tête à elle, *étant dans un temps*
critique. — Critique à part, madame, lui dis-je en
baissant les yeux pour elle, cette raison de vous démentir me paraît un peu bien singulière, et... (1). —
Vous me croirez si vous voulez, monsieur, mais en
vérité il y a des temps où je ne sais ce que je dis, où
je ne me souviens de rien; encore l'autre jour... » Et
elle nous enfila une de ces petites histoires dont tout le
mérite est de rassurer la contenance de celui qui les fait.

Pour l'honneur de la vérité, il faut avouer qu'en
parlant ainsi l'éclair des yeux ne brillait plus, la
physionomie était modeste, le ton doux; plus de jactance, plus d'injures : pour le coup, je reconnus le
langage aimable d'une jeune femme.

« Eh bien ! madame, je n'insisterai pas sur ce

(1) Sans l'extrême importance de cette citation, j'aurais omis
par décence l'étrange moyen de madame Goëzman, et je me garderais bien de peser sur des détails que mon respect pour les
dames désavoue.

point, qui paraît vous mettre à la gêne et vous op-
presser. Ce que vous ne débattrez pas aigrement vous
sera toujours accordé par moi. La plus forte arme
de votre sexe, madame, est la douceur et son plus
beau triomphe est d'avouer sa défaite. Mais daignez
au moins nous expliquer pourquoi vous avez nié
dans votre premier interrogatoire, seize fois de suite,
le séjour que les cent louis ont fait chez vous, et
dont vous convenez dans votre récolement. Pardon si
j'entre ainsi dans des détails un peu libres pour un
adversaire, mais les intimes confidences que vous
venez de faire au Parlement semblent m'y autoriser :
à en juger par la date de ce premier interrogatoire,
il ne paraît pas que vous eussiez alors la tête troublée par des embarras d'un aussi pénible aveu que
le jour du second, et cependant vous n'y êtes pas
moins contraire en tout à votre récolement. — Si j'ai
nié, monsieur, ce jour-là, que j'eusse reçu et gardé
l'argent, c'est qu'apparemment je l'ai voulu ainsi ;
mais, comme je l'ai déjà dit et le répète pour la dernière fois, je n'entends m'en tenir sur ce fait qu'à
mon récolement ; je suis fâchée que cela vous déplaise. — A moi, madame ? au contraire, on ne peut
pas mieux répondre, et je vous jure que cela me plaît
à tel point, qu'en l'écrivant, je serais désolé qu'on y
changeât un mot. »
    Le ton, comme on voit, était déjà remonté d'un
degré. « Puisque votre dernier mot, madame, est de
vous en tenir sur les cent louis à votre récolement,
me permettez-vous de proposer encore une observation ? — Ah ! pardi, monsieur, avec vos questions,
vous m'impatientez, vous êtes bavard comme une
femme ! — Sans adopter les qualités pour les dames
ni pour moi, ne vous offensez pas si j'insiste, madame,
à vous prier de nous dire quelle personne vous avez
envoyée trois fois dans la journée chez ce pauvre Lejay pour qu'il vînt reprendre les cent louis, ces per-
fides cent louis qu'il avait furtivement glissés parmi
vos fleurs d'Italie, pendant que vous aviez le dos
tourné, et que vous ne pouviez au plus voir ce qu'il
faisait que dans votre miroir de toilette ? — Je n'ai
pas de compte à vous rendre ; écrivez que je n'ai pas
de compte à rendre à monsieur, et qu'il ne me pousse
ainsi de questions que pour me faire tomber dans
quelques contradictions. — Ecrivez, monsieur, dis-je
au greffier : la réponse de madame est trop ingénue,
pour qu'on doive la passer sous silence. »

Cependant, pressée de nouveau par le conseiller-commissaire de répondre plus catégoriquement sur l'homme qui avait fait les trois commissions, elle lui dit avec un petit dépit concentré : « Eh bien ! monsieur, puisqu'il faut absolument le nommer, c'est mon laquais que j'y ai envoyé : il n'y a qu'à le faire entrer. »

Pendant qu'on écrivait sa réponse, M. de Chazal reprit très-sérieusement : « Observez, madame, que si votre laquais, interrogé sur ce fait, allait dire qu'il n'a pas été chez Lejay, cela tirerait à conséquence pour vous : voyez, rappelez-vous bien. — Monsieur, je n'en sais rien ; écrivez, si vous voulez, que ce n'est pas mon laquais, mais un Savoyard. Il y a cent crocheteurs sur le quai Saint-Paul où je demeure ; monsieur peut y aller aux enquêtes, si ce jeu l'amuse. » Ce qui fut écrit aussi. « Je n'irai point, madame, et je vous rends grâces de la manière dont vous avez éclairci les cent louis ; j'espère que la cour ne sera pas plus embarrassée que moi pour décider si vous les avez *rejetés hautement et avec indignation* ou si vous les avez serrés discrètement et avec satisfaction. »

« Passons à un autre article non moins intéressant, celui des quinze louis. — N'allez-vous pas dire encore, monsieur, que je conviens de les avoir reçus ? — Pour des aveux formels, madame, je n'ai pas la présomption de m'en flatter : je sais qu'on n'en obtient de vous qu'en certain temps, à certains jours marqués.... Mais j'avoue que je compte assez sur de petites contradictions pour espérer qu'avec l'aide de Dieu et du greffier nous dissiperons le léger brouillard qui offusque encore la vérité. »

Alors je la priai de vouloir bien nous dire nettement et sans équivoque si e.le n'avait pas exigé de Lejay quinze louis pour le secrétaire, et si elle ne les avait pas serrés dans son bureau quand Lejay les lui remit en argent.— Je réponds nettement et sans équivoque que jamais Lejay ne m'a parlé de ces quinze louis ni ne me les a présentés.

» — Observez madame, qu'il y aurait bien plus de mérite à dire : *je les ai refusés*, qu'à soutenir que vous n'en avez eu aucune connaissance.— Je soutiens monsieur, qu'on ne m'en a jamais parlé : y aurait-il eu le sens commun d'offrir quinze louis à une femme de ma qualité ! à moi qui en avais refusé cent la veille !— De quelle veille parlez-vous donc, madame ?

— Eh! pardi, monsieur, de la veille du jour... (Elle s'arrêta tout court en se mordant la lèvre.) — De la veille du jour, lui dis-je, où l'on ne vous a jamais parlé de ces quinze louis, n'est-ce pas? — Finissez, dit-elle en se levant furieuse, où je vous donnerai une paire de soufflets... J'avais bien affaire de ces quinze louis! Avec toutes vos mauvaises petites phrases détournées, vous ne cherchez qu'à m'embrouiller et me faire couper ; mais je jure, en vérité, que je ne répondrai plus un seul mot. » Et l'éventail apaisait à coups redoublés le feu qui lui était monté au visage.

Le greffier voulut dire quelque chose, il fut rembarré d'importance. Elle était comme un lion de sentir qu'elle avait manqué d'être prise.

Le sage conseiller, pour apaiser le débat, me dit alors : « Ce que vous demandez là vous paraît-il bien essentiel ? madame a déjà fait écrire tant de fois qu'elle n'avait pas reçu ces quinze louis! Qu'importe qu'on les lui ait offerts ou non, dès qu'elle s'en offense ? — Je ne sais, monsieur, pourquoi madame en est blessée ; ces mots : *exigés pour le secrétaire*, que j'ai eu soin d'ajouter à ma phrase, devraient lui prouver que je n'entends point l'obliger à rougir ici sur une demande de quinze louis, qu'elle n'était pas censée alors faire pour elle-même. À la bonne heure, ne parlons plus de cent louis *rejetés la veille du jour... où on ne lui a jamais parlé de ces quinze louis*, puisque cela trouble la paix de notre conférence ; mais je demande pardon et faveur pour ma question ; on ne connaît souvent la valeur des principes que quand les conséquences sont tirées. Je vous prie donc de vouloir bien au moins faire écrire exactement que madame Goëzman assure qu'on ne lui a jamais parlé des quinze louis, ni proposé de les accepter. » Ce qui fut écrit, et elle se remit sur son siège.

Alors, certain de mon affaire, je priai le greffier de représenter à madame Goëzman la copie de la lettre que je lui avais écrite le 21 avril, telle qu'on l'a pu lire page 35 de mon premier mémoire, et qui a été annexée au procès par Lejay, où l'on voit cette phrase entre autres : « Je me garderais de vous importuner, si, après la perte de mon procès, lorsque vous avez bien voulu me faire remettre mes deux rouleaux de louis et la répétition enrichie de diamants qui y était jointe, *on m'avait aussi rendu de votre part quinze louis que l'ami commun qui a négocié vous a laissés de surérogation.»*

« N'est-ce pas là, madame, lui dis-je, la copie de ma lettre qui vous fut apportée par Lejay le 21 avril, et que vous confrontâtes ensemble avec l'original dont vous étiez si fort irritée ? » Madame Goëzman, après l'avoir lue, la rejette avec colère et dit : « Je ne connais point du tout ce chiffon de papier, qu'on ne m'a jamais montré : je soutiens au contraire que la lettre que je reçus alors de monsieur n'avait aucun rapport à cette copie, et qu'elle n'était qu'un autre chiffon qui ne signifiait rien, et que j'ai jeté au vent.» Ce que je fis écrire très-exactement. « Avant d'aller plus loin, j'ai l'honneur d'observer à madame que je lui tiens fidèlement ma parole de ne me venger de ses injures qu'en la forçant à se contredire. Elle convient aujourd'hui qu'elle a reçu une lettre de moi; et je vois dans son premier interrogatoire qu'elle a nié onze fois de suite qu'elle eût jamais reçu aucune lettre de moi.

Madame Goëzman, après avoir longtemps rêvé, répond enfin que « si elle a d'abord nié cette lettre, c'est qu'elle ne se souvenait plus alors d'un chiffon de papier qui ne signifiait rien, n'était de nulle importance, et qu'elle a jeté au vent. »

Sa réponse écrite, je lui observe qu'il s'en faut de beaucoup que cette lettre lui ait paru d'aussi peu d'importance qu'elle veut le faire entendre, et qu'elle l'ait jetée au vent comme un papier inutile, puisque, dans son second interrogatoire, que j'ai sous les yeux, elle s'en explique à peu près en ces termes :

« Tout ce dont madame Goëzman se souvient, c'est qu'elle a reçu une lettre du sieur de Beaumarchais, et qu'en la lisant *elle s'est mise dans une si grande colère*, croyant y voir qu'il répétait les cent louis et la montre *avec les quinze louis*, qu'elle a envoyé chercher Lejay sur-le-champ, pour savoir de lui s'il n'avait pas rendu la montre et les cent louis qu'on lui redemandait *avec les quinze louis;* que Lejay, de retour chez elle, en lui montrant la copie de la lettre du sieur de Beaumarchais, l'avait assurée qu'elle se trompait à la lecture; qu'il ne s'agissait dans cette lettre *que des quinze louis*, et non de tout le reste, qu'il avait rendu devant de bons témoins; qu'alors, en y confrontant la présente copie, *qu'elle reconnaît bien pour être celle de la lettre du sieur de Beaumarchais*, elle avait vu qu'elle était littérale et avait déchiré la lettre après (1).

»Sommes-nous quittes, madame ? Comptons, vous et moi ; je vois ici deux, trois, quatre bonnes contradictions.

» D'abord, vous n'avez jamais reçu de lettres de moi ; ensuite vous en avez reçu une, mais qui n'était de nulle importance, un chiffon qui ne signifiait rien ; puis tout-à-coup voilà ce chiffon transformé en une lettre fort irritante et qui produit une scène entre vous et Lejay, et cette lettre était, selon vous, alors conforme à la copie qu'on en présentait; cependant aujourd'hui vous assurez que vous ne connaissez point cette copie, ce chiffon de papier, et qu'il n'a nul rapport à la lettre que vous avez reçue de moi. Cela vous paraît-il assez clair, assez positif, assez contradictoire ?

» Mais n'en parlons plus ; aussi bien n'était-ce pas de cela qu'il s'agissait quand la querelle s'est élevée entre nous. — Et de quoi donc s'agissait-il, monsieur ? (me regardant avec inquiétude.) — Vous nous avez bien certifié tout à l'heure, madame, que « jamais Le-» jay ne vous avait parlé de ces quinze louis, ni ne » vous les avait présentés le lendemain de cette » veille... » sur laquelle notre débat a commencé ; ainsi vous ignoriez parfaitement, quand ma lettre vous est parvenue, le 21 avril, qu'il y eût eu quinze louis déboursés par moi, pour le secrétaire, en sus des cent louis donnés pour l'audience ? — *Certainement, monsieur.* — Cela va bien, madame. Mais comment arrive-t-il que ces quinze louis ne fussent pas du tout de votre connaissance, et qu'ils en fussent en même temps si bien, qu'on vous les voit rappeler deux ou trois fois comme chose très-familière dans l'aveu de tout ce qui se passa le 21 avril, que nous venons de lire et qui est entièrement de vous? On y voit que, dans ma lettre, ce n'est pas ma demande des *quinze louis* qui vous étonne et vous met en fureur, mais seulement celle que vous croyez que je vous fais des cent louis et de la montre que vous aviez rendus; on y voit que Lejay ne dit pas pour vous calmer : ce sont des fripons à qui je ferai bien voir qu'ils n'ont ja-

(1) Toutes ces citations sont des efforts de mémoire, et le fruit des notes que j'ai faites en sortant de chaque confrontation, où toutes les pièces m'ont passé sous les yeux. Peut-être y a-t-il quelques légères différences entre les paroles ; mais je certifie que le sens y est conservé avec la plus grande fidélité.

mais donné *ces quinze louis qu'ils redemandent*, mais qu'il vous apaise en vous disant au contraire : Vous vous êtes trompée, madame, en lisant cette lettre qui vous irrite si fort : voyez donc qu'on ne vous y demande point les cent louis et la montre, que j'ai bien rendus devant témoins, *mais seulement les quinze louis* dont M. de Beaumarchais veut être éclairci, parce qu'il sait que le secrétaire ne les a pas reçus : qu'alors, confrontant la copie avec la lettre et reconnaissant qu'il n'y est en effet question que des quinze louis, votre fureur s'apaise, et que tout finit là. Si ce détail, que je n'aurais pu raccourcir sans le rendre obscur ; si vos réponses, vos fuites, vos aveux, vos contradictions, combinés avec les dires de Lejay, ne prouvent pas clair comme le jour que vous avez les quinze louis, il faut jeter la plume au feu et renoncer à rien prouver aux hommes.

» J'entends fort bien pourquoi vous niez aujourd'hui que Lejay vous ait jamais parlé de ces quinze louis ; c'est afin de couper court, par un seul mot, à toute question embarrassante ; mais la dénégation sèche d'avoir eu connaissance d'un fait sur lequel vous êtes entrée antérieurement dans d'aussi grands détails, madame, n'est qu'une preuve de plus pour moi que ce fait est aussi vrai que son examen vous paraît redoutable, et voilà mon dilemme achevé. Qu'avez-vous à répondre ?

» — Rien de si simple à expliquer que tout cela, monsieur. Ne vous ai-je pas dit que, le jour de mon interrogatoire, où je suis convenue d'avoir reçu et serré les cent louis et où j'ai fait étourdiment cette histoire de la lettre et des quinze louis, je n'avais pas ma tête à moi, et que j'étais dans un état...? — Eh! daignez, madame, en sortir quelquefois, si ce n'est par égard pour nous, que ce soit au moins par respect pour vous-même! N'avez-vous pas de moyen plus modeste et moins bizarre de colorer vos défaites ? » Madame Goëzman, un peu confuse, soutint néanmoins que, sa réponse étant dans les règles de la procédure, je n'avais pas droit d'en exiger une autre.

« — Détrompez-vous, madame; avant que le Parlement accepte vos confidences et s'arrête à vos étranges déclarations, il faut qu'un nouvel article, ajouté au code criminel, ait rendu l'examen des matrones un prélude nécessaire à chaque interrogatoire des femmes accusées; jusque-là vous implorez en vain pour la mauvaise foi l'indulgence qui n'est due qu'à la mauvaise santé.

» D'ailleurs on sait que ces fumées, ces vapeurs et tous ces petits désordres de tête qui rendent les jeunes personnes plus malheureuses et non moins intéressantes, ne les affectent qu'en des temps de fermentation et de plénitude, et jamais dans ceux où la nature bienfaisante leur vend, au prix d'une légère indisposition, la beauté, la fraîcheur et tous les agréments qui nous charment en elles; les doctes vous diront que la tête en est plus saine, que les idées en sont plus nettes, et vous concevez que je ne joins ici ma consultation à la leur que pour couvrir d'avance d'un ridicule ineffaçable le parti qu'on entend vous faire tirer d'un si puéril motif de rétractation. »

Quoi qu'il en soit, il n'est pas hors de propos d'observer que la seule fois sur quatre où madame Goëzman ait parlé *sans savoir ce qu'elle disait*, elle a fait, *par inspiration*, sur la lettre et les quinze louis, un historique exactement conforme à celui déjà consigné au procès, dans les dépositions et interrogatoires dont on se rappellera qu'elle ne pouvait avoir alors connaissance. O pouvoir de la vérité sur une belle âme!

« Mais puisque vous prétendez, madame, à l'honneur de perdre assez souvent la tête et la mémoire, ne vaudrait-il pas mieux user de cette innocente ressource pour rentrer dans le sentier de la vérité que de la rendre criminelle en l'employant à vous en écarter de plus en plus?

» — *A sotte demande point de réponse*, répliqua sèchement madame Goëzman. Cela ne fut pas écrit. Mais suppliée de nous dire quelque chose de plus conséquent à mes observations, elle répondit « que quand tout ce qu'elle avait avoué dans son second interrogatoire serait vrai, cela ne prouverait pas encore qu'elle eût reçu les quinze louis. » Ce qui fut écrit.

« — Beaucoup plus que vous ne pensez, madame; car on voit très-bien que vous ne fuyez l'éclaircissement sur la lettre et les quinze louis que pour écarter le soupçon que vous les ayez jamais exigés, reçus et gardés. Mais comme il est plus aisé de nier ces quinze louis que d'échapper à la foule des preuves qui vous convainquent de les avoir reçus, je quitterai le ton léger que vos injures m'avaient fait prendre un moment, pour assurer que votre défense, plus dé-

plorable encore que risible sur cet objet vous met ici
dans le jour le plus odieux. Garder quinze louis,
madame, est peu de chose, mais en verser le blâme
sur ce malheureux Lejay dont vous avez tant à vous
louer (car il ne vous a manqué qu'un peu plus d'a-
dresse pour le perdre entièrement), c'est un crime,
une atrocité qui n'étonnerait point dans certains hommes, mais qui effrayera toujours sortant de la bouche
d'une femme, à qui l'on suppose avec raison qu'une
méchanceté réfléchie devrait être étrangère.

» Et si par hasard tout ce qu'on vient de lire four-
nissait la preuve complète que vous avez encore ces
quinze louis dans vos mains !... Je vous livre en tremblant, madame, aux plus terribles réflexions ; voilà
ce qui doit vous troubler ; voilà ce que ne replâtrera
point le ciment puéril et déshonnête dont vous avez
voulu lier tant de contradictions.

» Mais à quoi bon, je vous prie, ces déclarations de
Lejay, ces dénonciations au Parlement, ces attaques
en corruption de juge, dont on faisait tant de bruit,
si votre conseil devait finir par vous faire articuler
dans votre récolement ces mots sacramentels qu'on ne
doit jamais oublier : « Je déclare que Lejay ne m'a
point présenté d'argent pour gagner le suffrage de
mon mari, qu'on sait bien être incorruptible, mais
seulement *qu'il sollicitait* auprès de moi *des audiences* pour le sieur de Beaumarchais ? »

» Voilà comme un mot souvent décide un grand
procès. Qu'aurait dit de plus mon défenseur ? Mais
dans cet excès de bonté, madame, il y a du luxe, et je
vous aurais tenue quitte à moins. Voyons d'où peut
naître un procédé si généreux ; *timeo Danaos*... Quoique je ne sois pas de votre conseil, je sens sa marche à travers vos discours, comme un machiniste,
au jeu des décorations, devine les leviers et les con-
trepoids qui les font mouvoir.

» Quand ils ont su que, livrée à vous-même, vous
aviez tout avoué à votre second interrogatoire, et les
cent louis reçus, et la lettre aux quinze louis, etc., ils
ont bien senti que l'on conclurait de ces aveux tardifs
que les déclarations, dénonciations, dépositions, in-
terrogations antérieures ne contenaient pas vérité.
Si nous n'abandonnons pas l'attaque en corruption,
le peu d'adresse d'une femme la fera tourner contre
nous-mêmes ; il vaut mieux nous relâcher de notre
vengeance que d'y être enveloppés, renoncer à prendre l'ennemi que de voir le piége se fermer sur le bras

qui le tend. En un mot, il faut s'exécuter et faire avouer à cette femme *qu'on ne lui a demandé que* DES AUDIENCES, puisqu'il paraît aujourd'hui prouvé au procès que le prix en a été convenu et reçu par elle.

» Et ceci, madame, n'est pas une conjecture légère · il n'y a personne qui ne juge au style de vos défenses, à quelques soudures près, que ce sont des pièces étudiées par vous comme les fables de votre enfance et débitées de même. Par exemple, est-ce bien vous qui avez dicté : « Il faut voir d'abord s'il est prouvé que l'on ait remis les quinze louis à Lejay, et jusque-là *il n'y a point corps de délit*. » (Corps de délit, grands dieux !) Est-ce vous qui avez dicté : « Nous avons déjà un *commencement de preuve par écrit*.» et tant d'autres belles choses qu'on n'apprend point au couvent ? N'est-il pas clair que je suis trahi ? L'on m'annonce une femme ingénue et l'on m'oppose un *publiciste allemand* (1) ?»

(1) Il est bon de savoir qu'aussitôt que le décret a été lancé contre madame Goëzman, son mari a cru qu'il ne pouvait plus honnêtement communiquer avec une femme accusée (car, comme dit le sieur Marin, d'après ce magistrat, « il ne faut pas que la femme de César soit soupçonnée »); et il a jugé qu'il était de sa délicatesse qu'elle fût reléguée au couvent.

Quant au repas que *la femme de César* va prendre chez son mari trois ou quatre fois la semaine, ces réunions légitimes ne prouvent qu'une tendresse conjugale supérieure aux obstacles, et qui sait tout aplanir. Et quant aux belles phrases du récolement, elles ne sont que le fruit d'un commerce habituel avec un savant homme, sans qu'on doive en induire, ni des visites de la femme, ni des apophtegmes du mari, qu'ils aient eu ensemble aucune communication, arrangement, conseil ni préparation relativement au procès · car il ne faut pas oublier que *la femme de César* n'a été enfermée au couvent par son mari, à l'instant de son décret, que pour qu'on ne pût jamais soupçonner *César* de se concerter avec elle.

Autre trait de délicatesse qui ne dépare pas le premier. M. et madame Goëzman ayant lu dans mon mémoire que j'avais donné six livres à un domestique dans une des vingt-deux stations que j'ai faites à leur porte, ont fait monter le mari de leur portière et lui ont dit : « Si c'est votre femme ou vous qui avez reçu ces six livres, nous vous ordonnons de les reporter à M. de Beaumarchais et d'en aller exiger une attestation que vous n'avez rien reçu. Nous ne voulons pas qu'il se fasse de *petites* vilenies dans notre maison. « Tel est le compte fidèle que cet homme est venu me rendre. Touché d'un procédé si noble, et ne voulant pas surtout en ravir l'honneur à qui il appartient, j'ai commencé par exiger de cet homme une déclaration par écrit qu'il venait de la part de ses maîtres. Alors, ne doutant plus que mon attestation ne fût d'une grande utilité à M. Goëzman, en ennemi généreux, la voici telle que je l'ai donnée :

« Je déclare que le nommé le Riche, soi-disant portier de M. et

Mais c'est assez combattre des ridicules; occupons-nous d'objets plus importants. Pendant que l'auteur estime son ouvrage sur la peine qu'il lui coûte, le lecteur sur le plaisir qu'il y prend, le juge impartial ne le prise que sur les preuves et les vérités qu'il contient, et c'est lui surtout qu'il importe de convaincre; avançons.

SECONDE PARTIE

Monsieur Goëzman.

Les gens instruits se rappellent avec plaisir par quel heureux artifice un savant antiquaire de Nîmes a retrouvé l'inscription du monument appelé Maison Carrée, sur la seule indication des trous laissés au frontispice par les pointes qui attachaient jadis les lettres de bronze dont cette inscription fut formée. On conçoit quelle sagacité, quelle connaissance de l'histoire, quel esprit de calcul, quelle méthode, et surtout quelle patience il a fallu pour nous donner le vrai sens de cet obscur hiéroglyphe, qu'un silence de dix-sept siècles avait rendu impénétrable. Telle est la tâche que je m'impose aujourd'hui.

Tout ce que je vois jusqu'à présent est une

de madame Goëzman, s'est présenté chez moi, avec ordre de ses maîtres de me rendre ce qu'il avait reçu de moi dans le nombre de fois que j'ai assiégé la porte de M. Goëzman lorsqu'il était mon rapporteur, ou de me demander l'attestation qu'il n'en a rien reçu. Je la lui remets volontiers, parce que j'ai seulement dit dans mon mémoire que j'avais donné six francs à un domestique, etc. Comme ce fut M. de..... qui les remit, je ne pourrais pas reconnaître celui qui les a reçus, et à qui je les laisse. Observant qu'il est bien singulier que madame Goëzman mette une affectation puérile de délicatesse à me faire rendre *six francs* par un domestique à qui je ne les demande pas, elle qui en nie *trois cent soixante* qu'elle a exigés et reçus de Lejay, et que je lui demande sans pouvoir les obtenir.

» A Paris, ce 1er octobre 1773.

» Signé CARON DE BEAUMARCHAIS. »

noire intrigue, dont l'auteur m'est inconnu.
Forcé de rassembler quelques faits épars, de
les lier par des conjectures raisonnables, de
comparer ce qui est écrit avec ce qu'on a dit,
de m'aider même de ce qu'on a tu, et de dé-
brouiller ainsi peu à peu le chaos de tant de
choses incohérentes, en m'aidant de quelques
connaissances du cœur humain ; ces faits iso-
lés sont pour moi comme autant de lettres
que je dois rassembler avec soin pour en former, sous les yeux du public et de mes juges,
le nom du véritable auteur de cette intrigue.
Essayons.

Mais avant d'entamer ce pénible ouvrage,
est-il tellement nécessaire à ma justification
d'inculper M. Goëzman, que l'on ne puisse
impunément séparer ces deux objets, ni supprimer le second sans nuire au premier ? Je
n'en sais rien. Aussi n'est-ce pas cela que je
dis. Ce que je sais et dis seulement, c'est qu'il
faut que tout soit connu pour que tout soit
jugé.

Pour que ma justification soit aussi prompte
qu'elle est certaine, il faut que les preuves
tirées de ma conduite soient renforcées par
les preuves que me fournit celle de mon accusateur ou dénonciateur ; car les deux mots
sont ici justement confondus. Dans les mains
de la justice, nous sommes à l'égard l'un de
l'autre comme les plateaux de la balance,
dont l'un doit remonter doublement vite,
allégé de son poids, si l'on en surcharge encore son voisin.

Qu'on ne me taxe donc ni de vengeance ni
de haine, si je me vois forcé de scruter
M. Goëzman : la nécessité d'une défense légitime et sa qualité d'accusateur me donnent
le droit d'éclairer sa conduite. Je n'accuse
point ; je me défends et j'examine. Que si
mon inquisition venait à verser quelque défa-

veur sur ce magistrat, il ne faudrait pas me
l'imputer; ce serait un mal pour lui, non un
tort à moi; la faute des événements, et non
la mienne. Pourquoi descend-il de la tribune,
et vient-il se mêler dans l'arène aux athlètes
qui combattent? lui que son bonheur avait
élevé jusqu'au rang de ceux qui jugent des
coups qu'ils se portent!

Voyons toutefois si sa qualité de juge est
un obstacle à ma recherche, et si je dois me
taire et ménager, par respect pour son état,
celui qui me poursuit sans respect pour l'é-
quité. Certes, si la disproportion des grades
est de quelque poids dans les querelles, c'est
seulement quand le moindre des contendants
s'y rend agresseur, mais jamais lorsqu'il se
défend. Je me range ici dans la classe infé-
rieure afin qu'on ne me conteste rien; car si
je suis forcé de m'armer contre M. Goëzman,
je veux vivre en paix avec le reste du monde.
Mais ce n'est pas de cela qu'il s'agit.

Supposons donc qu'un homme se trouvât
traduit au Parlement comme corrupteur de
juge, par le juge même qui déclare n'avoir
pas été corrompu: la première chose qu'il y
aurait à faire sur cette singulière accusation,
ne serait-ce pas d'examiner la pièce qui lui
sert de point d'appui?

Et si cette pièce était une déclaration extra-
judiciaire faite au juge par l'agent de la prétendue corruption, ne devrait-on pas commencer par entendre cet agent sur les vrais
motifs de sa déclaration?

Et si l'agent, effrayé des suites sérieuses
d'un acte dont on lui aurait masqué les conséquences en le lui arrachant, se rétractait
publiquement et déposait au greffe que sa
déclaration est fausse et suggérée par le magistrat; dans l'incertitude où l'on serait de
savoir laquelle des pièces contient vérité, ne

devrait-on pas s'assurer de la personne de
l'agent, surtout si le juge avait joint à la déclaration la lettre d'un tiers non encore sus-
pecté qui lui servît d'appui?

Renfermé au secret, bien verrouillé, soustrait à tout conseil, et dans l'effroi d'un avenir funeste, si cet agent, interrogé sous toutes
les faces en six temps différents, soutenait
constamment que non-seulement sa fausse déclaration a été demandée, sollicitée, suggérée,
mais qu'elle a été entièrement minutée de la
main du juge, et qu'il n'a fait que la copier
telle qu'il avait plu au juge de la fabriquer,
faudrait-il manquer à s'éclaircir de ces faits
importants, sous prétexte qu'il serait désagréable qu'un homme honoré d'un grave emploi vînt à se trouver, par l'événement de la
recherche, auteur d'un délit mal imputé, d'un
scandale public, et surtout de l'accusation et
du décret d'un innocent? et toute la question
ne se réduirait-elle pas alors à découvrir si la
déclaration est fausse ou véritable, naturelle
ou suggérée, surtout s'il est vrai qu'elle ait
été minutée de la main de celui à qui seul il
importait qu'elle fût faite ainsi?

Et si l'attestation du prisonnier ne suffisait
pas pour prouver qu'il a emporté la minute
du magistrat, et l'a gardée dix-sept jours
pour en faire des copies, ne faudrait-il pas assigner en témoignage tous ceux qui déclare-
raient avoir lu, tenu et copié cette précieuse
minute?

Et si trois témoins entendus ne paraissaient
pas encore suffisants pour achever de convaincre les magistrats, l'accusé n'aurait-il pas
le droit d'en indiquer d'autres, et de demander qu'on les entendît, pour renforcer la
preuve du fait par l'amoncellement des témoignages?

Enfin, si l'on avait bien constaté au procès

quel est le véritable auteur de cette déclaration, ne serait-il pas permis à l'accusé si durement décrété de raisonner tout haut devant les juges et le public sur les motifs et les conséquences de la fabrication d'un pareil titre?

Maintenant vous savez l'affaire aussi bien que moi. Tout ce que vous venez de lire est l'histoire du procès. Je fus victime de la déclaration dont Lejay fut le copiste et M. Goëzman l'auteur. — L'auteur? — Oui, l'auteur. Le mot est lâché : ce n'est pas sans réflexion que je l'ai dit; je m'y tiens. — Mais lorsque M. Goëzman nie d'avoir fait cette minute, êtes-vous bien certain de pouvoir le prouver? — Loin que son désaveu nuise à ma preuve, il la rendra plus importante, et c'est ce que j'ai dit plus haut à madame Goëzman au sujet des quinze louis : la dénégation sèche d'un fait prouvé d'ailleurs au procès non-seulement sert à mieux l'établir, mais encore à montrer combien on redoutait de le voir discuter. C'est pourtant ce que je vais faire.

Je pourrais mettre au rang de mes preuves la déposition et les interrogatoires de Lejay, où il affirme que M. Goëzman lui a présenté la déclaration minutée de sa main à copier, et que, pour aller plus vite, madame Goëzman, tenant la minute de son mari, dictait pendant qu'il écrivait. Je veux bien ne m'en pas servir.

Je pourrais y réunir la déposition de Donjon, commis de Lejay, qui déclare avoir copié la déclaration sur une minute d'une écriture que ce dernier lui a dit être celle de M. Goëzman, ce qu'il reconnaîtra bien si on lui montre de l'écriture de ce magistrat. Je consens à ne pas l'employer.

Je pourrais tirer encore un grand avantage du mot excellent de la dame Lejay à sa confrontation, quand on lui a montré la déclaration de son mari : « C'est bien là l'écriture de mon mari ; mais je suis très-certaine que ce n'est pas son style : mon mari n'a pas assez d'esprit pour faire toutes ces belles phrases-là. » Et l'on voit ici que la vérité s'exprime avec l'honnête simplicité des bons vieux temps ; c'est la main d'Esaü, mais j'entends la voix de Jacob. Et quand nous donnerons la copie littérale de cette déclaration, on en sentira bien mieux la force de l'observation de madame Lejay. — Mais je laisse encore cela de côté.

Enfin voici mes preuves : elles sont muettes, et en cela plus éloquentes ; elles sont au procès ; et c'est M. Goëzman lui-même qui les fournit : il est vrai que j'ai eu la peine de les y démêler ; mais je ne regretterai pas le soin que j'ai pris si je prouve à ce magistrat que ce qu'il a de mieux à faire aujourd'hui est de convenir tout uniment qu'il a présenté à Lejay sa propre minute à copier. Prouvons donc.

Preuves morales.

M. Goëzman s'est présenté avec un papier au Parlement, et il a dit : « Voici une déclaration que Lejay m'a écrite ; elle n'est pas sortie de mes mains ; je la remets au greffe avec l'original de ma dénonciation dont elle prouve la véracité. » — Rien de plus clair assurément.

Madame Goëzman est venue ensuite avec un autre papier au Parlement, et a dit : « Voilà une autre déclaration de Lejay que je remets au greffe. Quoiqu'elle soit de l'écriture d'un commis de Lejay, j'atteste qu'elle est signée de lui, et parfaitement conforme à l'original que Lejay a écrit en ma présence, et que mon mari a déposé ; et j'atteste qu'il n'y

a jamais eu d'autre minute écrite de la main
de mon mari. » — On ne peut pas mieux s'é-
noncer.

Mais, monsieur et madame, avant de vous
répondre, qu'était-il besoin de déposer chacun une déclaration, puisqu'elles disent toutes
deux la même chose? « C'est que nous sommes des gens véridiques, et que nous ne voulons rien d'équivoque : l'original est de la
main de Lejay ; la copie est de celle de son
commis. Ce qui abonde ne vicie pas. »—Peut-
être.

Mais s'il n'y a eu qu'une seule déclaration
écrite par Lejay chez M. Goëzman, restée entre les mains de M. Goëzman, et déposée au
greffe par M. Goezman, sur quelle minute le
commis de Lejay a-t-il donc copié la déclaration que madame Goëzman nous représente
aujourd'hui? Car encore faut-il que ce commis
ait fait sa copie sur une minute quelconque ;
et ce ne peut pas être sur celle de Lejay,
puisque, selon vous-même, elle est restée à
M. Goëzman, et que ce commis n'a jamais eu
l'honneur d'entrer chez vous.

Direz-vous que, de retour, Lejay a eu la
mémoire assez bonne pour rendre exactement
chez lui ce qu'on lui avait dicté ailleurs? Ceux
qui connaissent l'honnête, le bon sieur Edme-
Jean Lejay, savent bien que M. Goëzman ne
pourrait donner une aussi pauvre défaite sans
déshonorer entièrement ses défenses.

Et puis, quel intérêt aurait eu Lejay de remettre aux mêmes personnes une copie signée de la déclaration qu'il leur avait laissée
en original, s'ils ne l'avaient pas expressément exigée? Et, s'ils l'ont exigée, ils n'ont
pas dû s'en fier à sa mémoire. Lorsqu'on veut
une copie, on la veut exacte. Ils ont dû lui
confier une minute : et cette minute qu'il emporte ne peut pas être en même temps la

sienne qu'il laisse à M. Goëzman : et je demande encore une fois sur quoi donc ce commis a-t-il fait la copie que madame Goëzman représente?

Si l'on m'objecte que M. Goëzman n'avait pas plus besoin d'exiger une copie signée dont il avait l'original, que Lejay n'avait intérêt de la lui envoyer, je réponds que du fait à la possibilité la conséquence est toujours bonne. Madame Goëzman dépose la copie du commis; donc elle existe; donc elle a été envoyée; donc elle a été exigée; donc surtout elle a été faite sur une minute : et ma première question revient toujours : sur quelle minute ce commis de Lejay a-t-il donc tiré la copie que madame Goëzman représente?

Mais madame Goëzman a peut-être subtilement dérobé la minute de Lejay à son mari, et l'a remise à ce libraire en cachette, pour qu'il la fît copier, voulant en avoir une expédition? — Non pas, s'il vous plaît : quand elle n'aurait pas déclaré positivement que la minute de Lejay n'est point sortie des mains de son mari, voici ma réplique : c'est que la copie écrite par Lejay, sous la dictée de madame Goëzman tenant la minute de son mari, est aussi inexacte qu'on devait l'attendre de pareils secrétaires. Que n'ai-je pu la copier! des mots oubliés qui détruisent le sens, d'autres mots oubliés qui ne font que gâter le style; d'autres enfin oubliés, qui ne font rien au style ni au sens, mais qui se trouvent parfaitement rétablis dans celle du commis.

Or, si la copie du commis eût été faite sur celle de Lejay, on y verrait les mêmes fautes; ou si elle ne les portait pas, elle serait au moins libellée de même : la copie de Lejay a une date; elle en aurait une aussi : loin de cela, cette copie du commis est claire et suivie; on voit qu'elle a été faite par un homme

exact, sur la minute d'un homme instruit, sur
celle de l'auteur enfin, qui ne l'avait pas datée, parce que ce n'était pas son affaire; ce
qui fait que le commis n'a pas daté non plus
sa copie. Elle n'a donc pas été écrite sur une
minute de Lejay. Et quand vous devriez vous
mettre en colère, jusqu'à ce que vous m'ayez
répondu, je demanderai toujours : sur quelle
minute le commis de Lejay a-t-il donc tiré sa
copie ?

D'ailleurs, le libraire et son commis ont déclaré qu'ils avaient gardé cette minute énig-
matique dix-sept jours chez eux. Ce nombre
de jours, indifférent quand ils l'attestaient, ne
l'est pas aujourd'hui que nous discutons. Observez qu'on lit au dos de la déclaration de
Lejay une seconde déclaration (dont nous par-
lerons en son lieu), écrite aussi par Lejay, dix
jours après la première, dans la chambre de
madame Goëzman, sous la dictée de son mari.
Or ce papier, qui n'est pas sorti des mains de
M. Goëzman, qui se trouvait chez lui dix jours
après la première déclaration, lorsqu'on écrivait la seconde sur son *verso*, ne peut pas être
en même temps la minute inconnue qui est
restée dix-sept jours chez Lejay, et nous avons
beau tourner pour fuir : semblables à Enguer-
rand, que toutes les routes ramenaient au
palais de Strigilline, nous retombons toujours
dans ma première question : sur quelle minute ce commis de Lejay a-t-il donc copié la
déclaration que madame Goëzman représente!

Mais ne serait-ce pas sur une certaine minute emportée par Lejay de chez M. Goëzman? minute qu'il déclare être de la main de
M. Goëzman, minute que son commis déclare
être d'une écriture étrangère, qu'on lui a dit
être celle de M. Goëzman ; minute enfin qu'ils
déclarent tous deux leur avoir été lestement
soutirée au bout de dix-sept jours par M. Goëz-

man. Il y a quelqu'un de pris ici; pour le coup, le piége s'est subitement fermé, comme on l'avait craint, sur le bras qui le tendait pour me prendre. Nous y laisserons l'imprudent jusqu'à ce qu'il lui plaise de nous apprendre qui a fait la minute de cette déclaration, ou qu'il nous explique autrement l'énigme de la copie du commis de Lejay.

Mais pendant que je fatigue et mon lecteur et moi pour prouver quel est l'auteur de la déclaration, on prétend que M. Goëzman ne nie point du tout qu'il en ait fait la minute; je n'en sais rien : qu'il le nie ou l'avoue aujourd'hui, cela est indifférent à la question que je traite : car s'il nie, sa dénégation même prête une nouvelle force à ma preuve tirée de la copie du commis; en s'obstinant à nier un fait prouvé au procès, il n'en montre que mieux qu'il était instruit, et sentait toute l'iniquité de la pièce qu'il composait, et s'il avoue, il devient contraire à lui-même, et à madame Goëzman, qui a constamment nié, au nom des deux, que son mari eût jamais fait de minute; il ne peut donc éviter un mal sans tomber dans un pire : et c'est le juste partage réservé à la mauvaise foi.

J'entends quelqu'un se récrier sur l'amertume de mon plaidoyer, en accuser la forme à défaut de moyens contre le fond : *le partage réservé à la mauvaise foi!* ce n'est pas ainsi, dit-il, qu'on plaide au barreau, surtout contre un magistrat. — Cela se peut. L'œil qui voit tout ne se voit pas lui-même, et je suis trop près de moi pour être frappé de mes défauts; mais prenez garde aussi de vous placer trop loin pour les bien juger. Considérez que je suis injustement accusé, rigoureusement décrété, sans secours, sans appui, seul, percé à jour, aigri par le malheur, et chargé du pénible emploi de me défendre moi-même.

Il lui est bien aisé de se modérer, à cet orateur paisible, qui, ne forgeant qu'à froid, et
compassant ses périodes à loisir, exhale un
courroux qui n'est pas le sien, et montre une
chaleur empruntée dont le foyer, loin de lui,
réside au cœur de son client. Ses idées s'arrangent froidement dans sa tête, quand mille
ressentiments brûlent ma poitrine et voudraient s'échapper à la fois. Il se bat les
flancs pour s'échauffer en composant, quand
j'applique à mon front un bandeau glacé pour
me tempérer en écrivant. Mais vous qui me
relevez ainsi, ne seriez-vous pas M. Goëzman?
je crois vous reconnaître à la nature, au ton
de ce reproche. Eh! monsieur, à quoi vous
arrêtez-vous? Un mémoire au criminel se
juge-t-il sur les principes d'un discours aca-
démique? A la parade, on regarde au vain
éclat des armes; on les prise au combat sur
la bonté de leur trempe. Accordez-moi les
choses, et j'abandonne les phrases. Il s'agit
pour moi de vaincre, et non de briller; ou
plutôt, monsieur, il me suffit de n'être pas
vaincu : car, malgré votre acharnement, je
confesse avec vérité que je cherche moins à
préparer votre perte qu'à vous empêcher de
consommer la mienne.

Preuves physiques.

Après avoir porté les preuves de raisonnement jusqu'à l'évidence, acquérons la même
certitude sur les preuves de fait; et que leur
ensemble soit la démonstration parfaite que
non-seulement la minute était bien de la main
de M. Goëzman, mais que ce magistrat a fait
la déclaration comme il avait intérêt qu'elle
fût, exprès pour me nuire, et sans que Lejay
y ait eu la moindre part. C'est le sieur Lejay
qui va nous l'apprendre : écoutons parler dans

tous ses interrogatoires cet homme honnête
et simple.

Enfermé au secret, sans communication, et
n'ayant pour conseillers que la mémoire qui
rappelle les faits, le bon sens qui les met en
ordre, et la candeur qui les produit au jour,
c'est ici que la simplesse d'un homme ordinaire est plus pressante que toute l'habileté
du plus subtil rhéteur. Ses réponses sont
d'une vérité qui saisit; nulle précaution, nulle
prévoyance des suites; les faits les plus graves y sont articulés aussi naïvement que les
choses les plus inutiles. Je préviens qu'il va
porter de furieux coups à mes adversaires, et
répandre un terrible jour sur leur conduite;
et je les en préviens, afin qu'ils regardent de
plus près à ce que je vais dire; car je déclare
que je n'entends mettre de surprise à rien; je
me défends à force ouverte.

Lejay, interrogé s'il a été de lui-même chez
M. Goëzman pour y faire une déclaration, a
répondu qu'on l'avait envoyé chercher de la
part de ce magistrat le 30 mai dernier.

Interrogé quelle question lui a faite M. Goëzman relativement à la déclaration qu'il a
écrite, a répondu que M. Goëzman ne lui a
pas fait d'autre question que celle-ci : « N'est-il
pas vrai, monsieur Lejay, que madame a refusé les cent louis et la montre que vous lui
avez présentés? » Qu'ayant été vivement sollicité par madame Goëzman de répondre affir-
mativement, il a dit pour toute réponse : *Oui,
monsieur;* qu'alors le magistrat a écrit à son
bureau la déclaration tout d'un trait; que madame Goëzman l'a prise et dictée à lui répondant, pendant qu'il l'écrivait, pour que cela
marchât plus rondement; qu'il a mis ensuite
la minute de M. Goëzman dans sa poche pour
la faire copier par son commis; et que sans
perdre de temps madame Goëzman l'a conduit

chez M. de Sartines; qu'en montant en fiacre
il a dit à la dame : Nous sommes bien heureux que votre mari ne m'ait pas parlé des
quinze louis; je n'aurais pas pu dire que je
les ai rendus, puisque vous les avez encore;
et que la dame a répondu (avec le plus gaillard adjectif) : « Vous seriez bien une... tête
à perruque d'aller parler de ces quinze louis :
puisqu'il était convenu que je ne devais pas
les rendre, on peut bien assurer que je ne les
ai pas reçus. »

PREMIÈRE DÉCLARATION ATTRIBUÉE A LEJAY

Pourquoi première ? parce qu'on en a fait
écrire une seconde au libraire, également curieuse : nous montrerons chacune en son
lieu; ainsi donc :

Première déclaration (1).

Je soussigné Edme-Jean Lejay, pour rendre hommage à la vérité, déclare que le sieur Caron de Beaumarchais, ayant un procès considérable devant
M. Goëzman, conseiller de grand'chambre, m'a fait
très-instamment prier par le sieur Bertrand (2), son
ami, de parler à madame Goëzman en sa faveur, et
même de lui offrir cent louis et une montre garnie en
diamants pour l'engager à intercéder auprès de monsieur son mari pour le sieur de Beaumarchais; ce que
j'ai eu la faiblesse de faire, uniquement pour obliger
le sieur Bertrand. Mais je déclare que cette dame a
rejeté hautement et avec indignation ma proposition,
en disant que non-seulement elle offensait sa délicatesse, mais qu'elle était de nature à lui attirer les plus

(1) Tous les mots écrits en *italique* dans cette déclaration figu-
rée sur la copie du commis sont ceux qui manquent à celle de
Lejay; ce qui sera discuté dans un moment.
(2) Le sieur Bertrand dont il s'agit ici est le même qui n'a consenti à être désigné dans mon premier mémoire que sous le
nom de Dairolles. En répondant au sieur Marin, nous aurons occasion de nous expliquer sur cette fantaisie du sieur Bertrand
Dairolles, qui a précédé de quelques jours le service qu'il a rendu
au sieur Marin, de lui accorder une lettre dont celui-ci espère tirer le plus grand avantage contre moi : ce qu'il faudra voir.

fâcheuses disgrâces de la part de son mari, s'il en apprenait quelque chose; *en conséquence*, j'ai gardé la montre et les rouleaux jusqu'au moment où je les ai rendus. Je déclare en outre qu'après la perte du procès, le sieur de Beaumarchais, piqué de son mauvais succès, m'a écrit une lettre fort impertinente, comme si *j'avais* négligé ou *trahi* ses intérêts dans cette affaire; attestant *que* tout ce qui pourrait être dit de contraire à la présente déclaration est faux et calomnieux : ce que je soutiendrai envers et contre tous. En foi de quoi j'ai signé, approuvé l'écriture, LEJAY, ce 30 mai 1773.

Si je pouvais montrer à la suite de cette déclaration la copie que Lejay en a faite sous la dictée de madame Goëzman, tenant la minute de son mari; indépendamment du style et d'une foule de grands mots qui ne sont point à l'usage du sieur Lejay, la manière inexacte dont elle est libellée, et les fautes d'orthographe dont elle fourmille, convaincraient bientôt que celui qui l'a écrite n'a jamais pu la composer. Au défaut de cette première preuve, qui, en frappant les yeux, porterait à l'esprit la conviction irrésistible de ce que j'avance, j'observe :

1° Que si Lejay eût fait cette déclaration, il n'aurait pas manqué d'y parler des quinze louis, parce que c'était ce qui avait engagé la querelle, le seul objet en litige, et parce qu'il avait un grand intérêt d'en parler; car il craignait dès lors qu'on ne le taxât de les avoir réservés pour lui. Mais comme M. Goëzman avait un plus grand intérêt encore à les taire, la déclaration n'en dit pas un mot.

2° Si Lejay eût composé cette déclaration, il n'y aurait pas dit : « Piqué de la perte de son procès, le sieur de Beaumarchais m'a écrit une lettre impertinente, comme si j'avais négligé ou trahi ses intérêts dans cette affaire, » parce que Lejay savait bien que ma lettre, qu'il a déposée au greffe, loin d'être *imperti-*

nente, est non-seulement polie, mais obligeante; parce qu'il savait bien qu'elle ne porte nullement sur des reproches de négligence ou d'abandon de mes intérêts dans l'affaire, mais uniquement sur les quinze louis dont M. Goëzman avait tant d'intérêt de ne pas parler. Aussi la déclaration n'en dit-elle pas un mot.

3° Si l'on se rappelle que la seule question que M. Goëzman ait faite à Lejay avant que d'écrire la minute de la déclaration est celle-ci : « N'est-il pas vrai, monsieur Lejay, que madame a refusé les cent louis et la montre que vous lui avez présentés? — Oui, monsieur. » Et si l'on compare ce texte si simple avec le commentaire insidieux qui en est résulté, on sera convaincu que M. Goëzman avait combiné d'avance avec sa femme toutes les phrases de cette déclaration, pour qu'elle pût servir de base à la dénonciation qu'il voulait faire au Parlement contre moi, et dont nous allons bientôt parler.

4° Observez que M. Goëzman, en relisant depuis la phrase où il avait fait ainsi parler Lejay dans la déclaration : « Cette dame a rejeté hautement et avec indignation ma proposition, en me disant que non-seulement elle offensait sa délicatesse, mais qu'elle était de nature à lui attirer les plus fâcheuses disgrâces de la part de son mari, s'il en apprenait quelque chose; » observez, dis-je, que M. Goëzman s'est aperçu qu'il n'avait pas dû faire dire à sa femme que refuser de l'argent était propre à *lui* attirer sa disgrâce s'il l'apprenait, parce que c'était se faire son procès à soi-même.

Comment changer cela ? sa minute était chez Lejay; il n'avait en main que la copie de ce libraire : il voulait la déposer tout à l'heure au Parlement. Mais rien n'embarrasse une bonne tête, et voici comment il a usé sans façon des droits d'un auteur sur son propre ouvrage.

Il a tout uniment rayé le mot *lui*, et a fait précéder le mot *attirer* par la lettre *m* intercalée de sa main; de sorte que, par cet innocent artifice, le sens de la phrase, qui présentait d'abord madame Goëzman comme exposée au ressentiment de son mari pour avoir refusé de l'argent, fait porter le ressentiment aujourd'hui sur Lejay pour avoir osé l'offrir.

Voici le sens, suivant la première leçon : « Madame Goëzman m'a dit que mes propositions rejetées étaient propres à *lui* attirer la disgrâce de son mari, s'il en apprenait quelque chose, etc. » Et voilà le sens suivant la seconde : « Madame Goëzman m'a dit que mes propositions rejetées étaient propres à *m*'attirer les disgrâces de son mari, s'il en apprenait quelque chose. » Ce qui est bien différent.

Or, si la copie de la main de Lejay eût été la vraie minute de la déclaration, on sent qu'un criminaliste éclairé comme M. Goëzman n'aurait jamais voulu commettre le faux d'y changer le sens en effaçant un mot et en y substituant une lettre de sa main.

Que si M. Goëzman prétend nier la liberté qu'il s'est donnée sur une déclaration à laquelle il dit n'avoir aucune part, nous lui opposerons une réponse à deux tranchants que nous le supplions de vouloir bien examiner avant de nous blâmer de l'avoir écrite : c'est que l'addition de la lettre *m*, substituée au mot *lui*, est faite avec si peu de précaution, que Lejay, sa femme, le rapporteur. le greffier et moi, nous avons tous facilement reconnu cette correction d'auteur, lorsque j'ai fait l'examen de la pièce en leur présence aux confrontations.

Dira-t-il que, s'étant aperçu sur-le-champ
de cette imprudence qui le jugulait, il a
changé la phrase au moment où elle venait
d'être écrite? Voici le second tranchant de
ma réponse : s'il eût fait ce changement à la
copie de Lejay tout de suite et en sa présence,
il n'eût pas manqué de le faire de même à la
minute que Lejay emportait pour que son
commis en tirât copie; mais dans cette copie,
aussi authentique que celle déposée par
M. Goëzman, puisque c'est madame qui la
dépose, la méprise est restée tout entière; on
y lit la phrase écrite ainsi suivant la première leçon : *Madame Goëzman m'a dit que ma
proposition rejetée était de nature à* LUI *attirer la
disgrâce de son mari.* etc. Cette correction, qui
met une telle différence entre le sens des
deux copies, prouve que celle de Lejay est de-
meurée au magistrat, pendant que la copie
du commis se faisait chez Lejay sur la minute non corrigée de M. Goëzman; ce qui
renforce de plus en plus les preuves que j'ai
données qu'il existait une minute de la main
du magistrat.

Et mes remarques sur cette correction d'auteur s'appliquent également à toutes les différences qui se trouvent entre la déclaration
dictée à Lejay par madame Goëzman, et celle
de la main de M. Goëzman copiée par le commis de Lejay.

C'est ainsi qu'en les confrontant on voit
dans celle de Lejay) *une montre* GARNIE *en diamants;* (dans celle du commis) *une montre à
diamants;* (dans celle de Lejay) *les plus fâcheuses disgrâces de la part de son mari, s'il en apprenait quelque chose, j'ai gardé la montre, etc.,*
ce qui présente un sens fort niais; (dans celle
du commis) *les plus fâcheuses disgrâces de la
part de son mari, s'il en apprenait quelque chose.*
EN CONSÉQUENCE, *j'ai gardé la montre, etc.; en*

conséquence est une liaison très-nécessaire entre les deux phrases : (dans celle de Lejay) *le sieur de B. m'a écrit une lettre impertinente comme si négligé, ou tri ses intérêts;* ce qui n'a nul sens, mais à quoi M. Goëzman en a donné un, en écrivant de sa main, sans mystère, en interligne au-dessus des mots *si* et *négligé* le mot *j'eus,* et en chargeant le mot *tri,* dont il a fait à peu près *trahi;* et la phrase marche ainsi corrigée: *le sieur de B. m'a écrit une lettre impertinente, comme si j'eus négligé ou trahi ses intérêts,* etc., ce qui devient au moins intelligible; *j'eusse négligé* eût été plus correct; mais enfin on l'a corrigé comme cela : (la copie du commis porte) *le sieur de B. m'a écrit une lettre impertinente, comme si J'AVAIS négligé ou trahi ses intérêts,* etc. Le mot *j'eus,* interligné par M. Goëzman, complète la preuve que ce magistrat n'a corrigé la copie de Lejay que pendant l'absence de sa propre minute; au lieu d'écrire *j'eus,* il n'aurait pas manqué d'écrire *j'avais,* comme le porte la copie du commis fidèlement transcrite sur sa minute : (Lejay) *soutenant tout ce qui pourrait être dit... est calomnieux,* etc. (le commis) *soutenant* QUE *tout ce qui pourrait être dit... est calomnieux,* etc.

Voilà donc sept endroits qui diffèrent essentiellement dans les deux déclarations, dont un mot ajouté, un mot effacé, un mot substitué, un mot interligné, et un mot chargé dans celle de Lejay par une main étrangère; et c'est sur une pareille pièce mendiée, sollicitée, suggérée, minutée, dictée, corrigée, surchargée et niée par ce magistrat, qu'il établit une dénonciation en corruption de juge et en calomnie contre un homme innocent!

Quelle étrange opinion aviez-vous donc de votre pouvoir, monsieur, si vous avez pensé qu'il vous suffit, pour me faire condamner au parlement, de m'y dénoncer sur la foi d'un

tel titre? Avez-vous présumé que ce tribunal
m'empêcherait d'opposer à la fausseté de votre
attaque la vérité de mes défenses, la force de
mes preuves à la ruse de vos moyens? Détrompez-vous, monsieur, la vivacité de ses
recherches prouve l'austérité de ses principes, et non sa complaisance pour vos ressentiments. C'est à vous de vous justifier, homme
cruel! qui, après avoir opiné si durement à ce
qu'on m'enlevât ma fortune, m'avez ensuite
injurieusement dénoncé : car je vous prévenis
que cet argument ne convaincra personne ,
je suis conseiller au parlement; donc j'ai
raison.

Mais n'anticipons rien : avant de parler de
la dénonciation de M. Goëzman, nous avons
une seconde déclaration aussi importante que
la première à examiner.

J'écarte en vain une foule de moyens pour
me renfermer dans les principaux; leur
abondance m'accable. O M. Goëzman! que
de mal vous me donnez! Mais je veux m'en
venger en vous démasquant si bien aux yeux
du public, que désormais vous deviendrez plus
réservé dans vos attaques. Avançons.

Lejay, toujours au secret, interrogé de nouveau, répond qu'environ dix jours après sa
première déclaration, M. Goëzman l'a encore
envoyé chercher, et lui a dit uniquement :
« N'est-il pas vrai, monsieur Lejay, que vous
avez rendu la montre et l'argent devant témoins, et qu'on n'avait rien soustrait des
deux rouleaux? » — Cela est vrai, monsieur.
— « Écrivez donc au dos de votre déclaration
ce que je vais vous dicter; » et il assure que
le magistrat lui dicta, sans en faire de minute, la déclaration suivante.

SECONDE DÉCLARATION ATTRIBUÉE A LEJAY

Je déclare, en outre, que jamais Bertrand ni Beau-

marchais ne m'ont accompagné chez madame Goëzman, et qu'ils ne la connaissent point du tout. Je déclare que j'ai rendu la montre et les rouleaux devant
(telles et telles personnes, etc., qu'il nomme). Et si
Beaumarchais osait dire qu'on a soustrait quelque
chose des rouleaux pour des secrétaires ou autrement,
je lui soutiendrais qu'il est un menteur et un calomniateur, et que les rouleaux étaient bien entiers; ce
que le sieur Bertrand lui soutiendra comme moi, etc.
Sans date. *Signé* LEJAY.

Pour l'honneur du sieur Lejay, remarquons
d'abord que dans ses interrogatoires il dit
également ce qui sert et ce qui peut nuire.
Nous l'avons vu assurer intrépidement que
M. Goëzman lui avait confié la minute de la
première déclaration écrite de sa main. A
cette seconde, il avoue ingénument que
M. Goëzman n'a point fait de minute, et qu'il
a seulement dicté. Prouvons que la seconde
n'est pas plus l'ouvrage du sieur Lejay que la
première.

Indépendamment des preuves morales et de
discussion, la pièce en présente elle-même
une de fait (le dirai-je?) la plus comique. Tout
le monde connaît la scène des Plaideurs, où
le souffleur, lassé de l'ineptie de l'avocat Petit-
Jean, lui dit : Oh ! le butor ! et où Petit-Jean,
qui se croit soufflé et non injurié, répète : *le
butor!* Ici M. Goëzman, finissant de dicter, a
dit apparemment telle et telle chose; etc. Signé Lejay. Et le bon Lejay, trop occupé du
mot qui est sous sa plume pour se fatiguer à
en lier le sens dans sa tête avec les précé-
dents, a écrit exactement comme on le lui
disait, à l'orthographe près : *Siné Lejay.*

Malgré cette naïveté, qui montre assez que
l'écrivain n'est ici que le commis à la plume,
voyons, par l'examen impartial et sérieux de
la pièce, s'il est possible que Lejay l'ait com-
posée lui-même. Je voudrais bien pouvoir

épargner à quelqu'un cette fâcheuse discussion, parce que je sens que ce quelqu'un est ici sur des charbons. Mais quelque respect que j'aie pour lui, je respecte encore plus la vérité : tout ce que je puis est de le tenir le moins de temps possible dans une aussi cruelle situation.

J'observe d'abord que Lejay ayant toujours dit, quand il a parlé des quinze louis, qu'il les avait laissés, *en argent blanc*, dans un sac à madame Goëzman, s'il eût fait la déclaration, n'aurait jamais imaginé de l'aller alambiquer de sorte qu'on pût en induire que la demande des quinze louis portait sur la fausse supposition que madame Goëzman avait soustrait quelque chose des rouleaux.

L'obscurité de tout cet entortillage prouve déjà qu'il n'appartient point au sieur Lejay : si cet homme simple eût voulu ou mentir ou dire la vérité, en un mot s'expliquer sur les quinze louis, il l'eût fait à sa manière, c'est-à-dire tout simplement et d'une façon qui se rapportât au moins à ce qui s'était passé devant lui. Dès qu'il ne s'agissait dans cette déclaration que d'y parler des quinze louis, dont la première n'avait rien dit, aurait-il pris la plume une seconde fois, exprès sur ces quinze louis, pour finir encore par n'en rien dire du tout? Cela n'est ni vrai, ni naturel, ni possible.

Mais quel est donc le fin de cette déclaration? Le voici.

M. et madame Goëzman, qui avaient évité de dire un seul mot des quinze louis dans la première, voyant que les regards du public étaient fixés sur ces quinze louis, seul objet apparent de la querelle, ont calculé qu'il paraîtrait bien étonnant qu'ils eussent une déclaration de Lejay contre moi, et qu'elle ne traitât en aucune façon de ces quinze louis;

Ils ont senti que ce silence absolu pourrait à la fin devenir suspect.

Mais l'embarras était de rompre sans se compromettre, et de parler des quinze louis sans en rien dire. Ce Lejay leur donnait encore une autre sueur froide; il est si simplet si simplet que s'il entend seulement prononcer en dictant le mot des quinze louis, il ne manquera pas d'entrer à l'instant dans des explications fort embarrassantes pour le candide magistrat, qui ne veut pas, vis-à-vis du libraire, avoir l'air d'être du secret. Il faut donc courir là-dessus comme chat sur braise, imaginer une phrase obscure et courte, sur laquelle le public puisse prendre le change. Il faut surtout que cette phrase soit telle, que le mot de quinze louis n'aille pas frapper l'oreille de Lejay. On se rappelle que cet homme, aussi droit que simple, a dit à madame Goëzman, en allant chez M. de Sartines : « Il est bien heureux que votre mari n'ait pas parlé des quinze louis; je n'aurais pas pu dire que je les ai rendus, puisque vous les avez encore; » et la réponse de la dame, et tête à perruque, et l'adjectif, etc., etc.

Toutes ces réflexions rendaient ce point délicat très-difficile à traiter; mais enfin la déclaration, telle qu'on vient de la lire, fut le fruit du conseil auquel je viens de faire assister mon lecteur.

Et croyez-vous que ce soit sans y avoir bien réfléchi que la déclaration commence par cette phrase . *Je déclare que Bertrand ni Beaumarchais...?* En voyant ainsi ces deux noms dénués du plus mince égard; en songeant à cette façon de s'exprimer, *Bertrand, Beaumarchais. Lafleur, Larose,* je reconnais le style aisé d'un homme supérieur aux gens qu'il veut bien honorer de ses mauvais traitements. Je sens que la main du très-familier libraire n'est

ici que la patte du chat, et son écrit, que le
manteau du conseiller. Jamais le sieur Lejay,
le plus modeste des hommes, n'eût traité avec
cette légèreté le sieur Bertrand Dairolles, qui
l'a quelquefois aidé de son crédit; moins encore moi, chétif, qui n'avais point l'honneur
d'en être connu.

Mais laissons les grâces du style; allons au
fait :

« Je déclare que Bertrand ni Beaumarchais ne m'ont jamais accompagné chez madame Goëzman, et qu'ils ne la connaissent
point du tout. » A quoi tend cette phrase iso-
lée, absolument hors d'œuvre, et sans nul
rapport aux quinze louis, ni même à rien de
qui la suit, sinon à se retourner en cas d'accident et de désaveu de la part de Lejay ? *Testis
unus, testis nullus*, dit la loi : ce qu'on a sans
doute expliqué à madame Goëzman, mais
qu'elle ne s'est pas souvenue de placer avec *il
n'y a pas de corps de délit... Nous avons déjà un
commencement de preuve par écrit*, etc., etc.

Cette sage précaution prise à tout événement, on a grand soin de faire écrire à Lejay,
dans la déclaration, les noms, surnoms, qualités des personnes devant qui les deux rouleaux ont été remis; autant on glissera sur le
principal, autant on va s'appesantir sur les
accessoires. C'est la dame le Franc; elle est
sœur du sieur de Lins, premier échevin; c'est
la demoiselle sa fille; ce sont des dames de
Lyon; c'est un jeune homme que l'on croit
fils du sieur de Lins, etc., etc. Car on se
flatte que ces honnêtes gens, assignés, certifieront en temps et lieu que les deux rouleaux
étaient bien entiers quand on les a rendus en
présence.

Cela va bien. Reste toujours la phrase épi-
neuse à composer sur ces quinze louis, dont
il faut avoir l'air de parler, quoique bien ré-

solu de n'en pas dire un mot. Enfin la voici du mieux qu'on a pu : « Et si Beaumarchais osait dire qu'on a soustrait quelque chose des rouleaux pour des secrétaires ou autrement, je lui soutiendrais qu'il est un menteur et un calomniateur, etc., etc... » Nous en voilà tirés, Dieu merci.

Mais que ces mots, *soustrait quelque chose des rouleaux*, pour ne pas nommer quinze louis en argent blanc, sont bien imaginés ! et ceux-ci, *pour des secrétaires ou autrement*, pour ne pas dire que madame Goëzman a exigé quinze louis pour le secrétaire, et les a gardés pour elle, comme cela est ingénieux ! A l'égard des injures, on sent ici qu'elles ne sont que le saut de la joie qui termine un ouvrage pénible ; c'est la bravoure de l'anurge qui se met en vigueur quand le danger est passé ; ainsi finit la déclaration, sans date, etc. *Siné Lejay,* comme nous l'avons dit.

Et c'est ainsi qu'un magistrat se joue de la vérité pour donner le change ; c'est ainsi qu'il arme un malheureux contre une chimère, et lui fait combattre insidieusement ce que personne n'avait dit, pour éluder de lui faire écrire ce qu'il craignait tant de voir déclarer ; et c'est ainsi que la faiblesse est toujours un instrument souple et dangereux entre les mains de la malignité !

Que de gens faibles elle a su tourner contre moi dans cette affaire ? N'est-ce pas par faiblesse que la flottante madame Goëzman dissimula la vérité, pour se prêter aux vues de son mari, qui voulait m'attaquer en corruption de juge ? N'est-ce pas par faiblesse que ce pauvre Lejay copie, sur des minutes du magistrat, des déclarations dont il n'entend ni les mots, ni la force des phrases ? N'est-ce pas par faiblesse que ce pauvre conseiller d'ambassade, Arnaud Baculard, qui ne dit jamais ce qu'il veut dire, et ne fait jamais ce qu'il veut faire, accorde une misérable lettre mendiée, pour appuyer une plus misérable déclaration mendiée? N'est-ce pas par faiblesse que ce pauvre Dairolles, qui ne veut pas être nommé Bertrand, après avoir dit la vérité, perd tout à coup la mémoire, et donne à son compatriote le gazetier de France une lettre qui ne peut faire aujourd'hui de tort qu'à lui-même? N'est-ce pas par faiblesse que ce pauvre M. Marin... Mais non, la chaleur m'emporte, et j'allais faire tort au sieur Marin de le ranger dans la classe des simples. Il faut être juste (1).

D'autre part, j'entends M. Goëzman qui me dit : Pourquoi me taxez-vous de malignité, si je ne suis coupable que d'ignorance? Quand j'ai dicté à Lejay, dans la déclaration, « qu'on n'avait pas soustrait quelque chose des rouleaux, pour des secrétaires ou autrement, » je croyais que ce bruit de quinze louis n'était fondé que sur la fausse supposition que ma femme les eût retranchés d'un rouleau, et je voyais que les rouleaux avaient été rendus bien entiers. Je ne pouvais donc dicter à Lejay que ce que je savais moi-même.

— Je vous arrête, monsieur. Avez-vous si peu de mémoire, ou me croyez-vous si mal instruit? Vous oubliez que, quelques jours avant l'époque de cette déclaration, M. le premier président avait envoyé chercher Lejay,

(1) La réponse la plus désolante à la *déploration* du sieur Baculard d'Arnaud, conseiller d'ambassade, est d'y opposer sa confrontation avec moi; j'attends pour le faire que le sieur Marin, gazetier de France, ait publié son mémoire et la lettre qu'il s'est fait écrire par le sieur Bertrand Dairolles, négociant marseillais, afin qu'ils aient chacun ce qui leur est dû, dans un seul mémoire qui ne se fera pas attendre : on peut y compter.

et que devant vous il l'avait interrogé sans ménagement sur ces quinze louis, en lui disant : « Avouez-nous, monsieur Lejay, tout ce qui s'est passé. Bertrand prétend qu'il vous a remis, dans un flacre, à la porte de madame Goëzman, quinze louis en argent blanc, qui ont même été comptés dans le chapeau de votre fils alors présent, que vous êtes monté chez madame Goëzman avec cet argent dans un sac, et qu'en descendant vous n'aviez plus ni sac ni argent; et qu'enfin vous avez dit à lui, Bertrand, qu'elle avait pris et serré les quinze louis dans son secrétaire. Tout cela est-il véritable? »

Vous oubliez, monsieur, que Lejay, tremblant, effrayé par votre fier aspect, n'osa convenir de rien chez monsieur le premier président, mais qu'à peine il pouvait parler.

Quittons la feinte, elle est inutile, et convenez enfin que c'est bien sciemment, et non par ignorance, que, quelques jours après cet interrogat, vous confondez, en dictant à Lejay, quinze louis d'argent blanc gardés, avec les deux rouleaux rendus, auxquels ils n'ont aucun rapport.

C'est encore par une suite d'espoir d'embrouiller les idées de plus en plus sur les quinze louis, et de fixer l'attention du public sur les rouleaux entiers, et non sur de l'argent blanc, qu'on a fait assigner en témoignage les personnes devant qui ces rouleaux ont été rendus: on espérait que leur déposition sur la netteté des deux rouleaux augmenterait la persuasion que toute espèce de demande des quinze louis n'était qu'une histoire controuvée, une infamie; d'autre part, on comptait que le sieur Marin nous déterminant à ne rien articuler sur ces *misérables quinze louis* dans nos dépositions, l'opinion du faux bruit se fortifierait à tel point par notre silence, que nos efforts tardifs ne pourraient plus après la détruire.

Mais on ne peut avoir en tout un égal succès. Les choses allaient assez bien : Lejay avait écrit sans faire d'explication; Marin travaillait en dessous, et se flattait de réussir, lorsque tout à coup ces honnêtes gens, sur la déposition de qui l'on avait fait un si grand fond pour embrouiller l'histoire des quinze louis, après avoir déposé que la montre et les rouleaux ont été rendus très-entiers devant eux, s'avisent d'ajouter, sans qu'on les en prie, qu'à l'égard des quinze louis on a certifié que la dame avait refusé de les rendre, en disant que, les ayant demandés pour le secrétaire, elle n'était pas tenue d'en faire compte au sieur de Beaumarchais.

La soie une fois rompue, toutes les perles se défilent. Marin, qui devait réussir, me rencontre par malheur, à l'instant où il vient endoctriner les faibles; me parle de ces *misérables quinze louis;* veut m'engager devant cinq personnes à ne pas en ouvrir la bouche : je lui prouve que c'est le seul article sur lequel on doit appuyer dans les dépositions : chacun y appuie; Lejay, qu'on voulait sacrifier, se rétracte, et voilà toutes les peines perdues. Il n'en reste d'autre fruit qu'une triste déclaration, qui, par malheur encore, se trouvant attachée au dos de la première, ne peut plus que nuire désormais; surtout si un démon d'accusé parvient un jour à en avoir connaissance, et s'avise de la discuter aux yeux des juges et du public.

J'ai promis de faire le dépouillement de toute cette noire intrigue : il est bien avancé; les deux déclarations de Lejay sont maintenant connues : il ne reste plus que la dénonciation de M. Goëzman au parlement à examiner. Encore un moment, ô mes juges! vous

touchez à la fin de votre ennui, et moi à celle
de mes peines. Encore un moment, lecteur,
et mon adversaire est enfin démasqué.

Que ne puis-je en dire autant de vous tous,
ennemis non moins absurdes que méchants,
qui me déchirez sans relâche! Sur la foi de
votre inimitié, beaucoup d'honnêtes gens me
font injure, et ne m'ont jamais vu.

Mais vous, qui comblez la mesure de l'atrocité, vous qui l'avez portée..... il faut le dire,
jusqu'à faire insérer dans des gazettes étrangères (1) qu'on s'apprête à me rechercher enfin sur la mort un peu précipitée de trois
femmes, dont j'ai, dites-vous, successivement
hérité! lâches ennemis! ne savez-vous qu'injurier bassement, machiner en secret et frapper dans les ténèbres? Montrez-vous donc
une fois, ne fût-ce que pour me dire en face
qu'il ne convient à nul homme de faire son
apologie. Mais les honnêtes gens savent bien
que votre acharnement m'a rangé dans une
classe absolument privilégiée : ils m'excuse-
ront d'avoir saisi cette occasion de vous confondre, ou, forcé de défendre un instant de
ma vie, je vais répandre un jour lumineux
sur tout le reste. Osez donc me démentir.
Voici ma vie en peu de mots. Depuis quinze
ans je m'honore d'être le père et l'unique appui d'une famille nombreuse; et loin que mes
parents s'offensent de cet aveu qui m'est ar-
raché, tous se font un plaisir de publier que
j'ai toujours partagé ma modique fortune

(1) Ces horreurs furent envoyées au gazetier de la
Haye, pendant le fort des plaidoiries du légataire de
M. Duverney contre moi. On dit que toutes ces gazettes
sont soumises à l'inspection du sieur Marin, auteur
de celle de France. Puisque l'équité même d'un tel
censeur ne peut purger ces écrits de pareilles infamies,
il ne reste de ressources aux gens outragés que de défée
les méchants à l'indignation publique.

avec eux, sans ostentation et sans reproche.
O vous qui me calomniez sans me connaître,
venez entendre autour de moi le concert de
bénédictions d'une foule de bons cœurs, et
vous sortirez détrompés. Quant à mes femmes, j'en ai eu deux, et non trois comme le
dit le perfide gazetier. Faute d'avoir fait insi-
nuer mon contrat de mariage, la mort de ma
première me laissa nu, dans la rigueur du
terme, accablé de dettes, avec des prétentions
dont je n'ai voulu suivre aucune, pour éviter
de plaider contre ses parents, de qui jusque-là
je n'avais eu qu'à me louer. Ma seconde
femme, en mourant, depuis peu d'années, a
emporté plus des trois quarts de sa fortune,
consistant en usufruits et viagers ; de sorte
que mon fils, s'il eût vécu, se fût trouvé
beaucoup plus riche du bien de son père que
de celui de sa mère. Maintenant, voulez-vous
savoir comment je les perdis?

Sur la mort de ma première femme, indépendamment des sieurs Bouvart, Pousse et
Renard, qui la voyaient en consultation dans
la fièvre putride qui l'enleva, interrogez le
sieur Bourdelin, son médecin ordinaire, le
plus estimable des hommes, et qui (je le dis
à son éloge) refusa constamment le légitime honoraire que je lui offrais, en me disant : « Vous êtes ruiné par cette perte : le
payement des soins que j'ai rendus à votre
femme m'est dû, non par vous, mais par ses
héritiers. »

Sur la mort de la seconde, interrogez les
sieurs Tronchin et Lorry, médecins; Péan,
son accoucheur ; Goursault, son chirurgien et
son ami; Becqueret, un des plus honnêtes
pharmaciens, qui par zèle ne la quittait ni
jour ni nuit; tous mes parents et la foule
d'amis qui venaient habituellement dans ma
maison, qui l'ont tous vue s'avancer lente-

ment à la mort des poitrinaires, par une dégradation de santé de plus d'une année de souffrance également douloureuse à l'un et à l'autre.

Interrogez les honnêtes gens que sa mort a fait rentrer en possession de tout le bien qui est sorti de mes mains à cette époque.

Interrogez Mes Momet, le Pot-d'Auteuil, Rouen, notaires; Chevalier, procureur; gens de lois, gens d'affaires et conciliateurs, qui tous m'ont vu procéder en ces occasions avec un désintéressement supérieur à la simple équité.

Et si tant de témoignages ne balancent pas en vous les plus absurdes calomnies, gens honnêtes! interrogez enfin mon intérêt, qui voulait que je conservasse avec soin mes femmes, si l'amour d'une plus grande aisance était le motif qui me les avait fait choisir. Eh! comment celui-là serait-il un ingrat époux, ou plutôt un monstre, qui fait son bonheur constant d'être le nourricier de son respectable père, et s'honore d'être le bienfaiteur et l'appui de tous ses collatéraux?

Et vous qui m'avez connu, vous qui m'avez suivi sans cesse, ô mes amis! dites si vous avez jamais vu autre chose en moi qu'un homme constamment gai; aimant avec une égale passion l'étude et le plaisir; enclin à la raillerie, mais sans amertume; et l'accueillant dans autrui contre soi quand elle est assaisonnée; soutenant peut-être avec trop d'ardeur son opinion quand il la croit juste, mais honorant hautement et sans envie tous les gens qu'il reconnaît supérieurs; confiant sur ses intérêts jusqu'à la négligence; actif quand il est aiguillonné, paresseux et stagnant après l'orage; insouciant dans le bonheur, mais poussant la constance et la sérénité dans l'infortune jusqu'à l'étonnement de ses plus familiers amis.

Si j'ai jamais barré quelqu'un en son chemin de faveur, de fortune ou de considération, qu'il me le reproche. Si j'ai fait tort à quelqu'un, qu'il se présente et m'accuse hautement, je suis prêt à lui faire justice. Que si la haine qui me poursuit a quelquefois altéré mon caractère, que celui que j'ai pu offenser, sans le vouloir, dise de moi que je suis un homme malhonnête, j'y consens; mais qu'il ne dise pas que je suis un malhonnête homme: car je jure que je le prendrai à partie, si je puis le découvrir, et le forcerai, par la voie la plus courte, à prouver son dire ou à se rétracter publiquement.

Comment donc arrive-t-il qu'avec une vie et des intentions toujours honorables, un citoyen se voie aussi violemment déchiré? qu'un homme gai, sociable hors de chez lui, solide et bienfaisant dans ses foyers, se trouve en butte à mille traits envenimés? C'est le problème de ma vie; je voudrais en vain le résoudre. Je sais que les plus augustes protections m'ont jadis attiré les plus dangereux ennemis qui me poursuivent encore, et cela est dans l'ordre; que quelques essais dramatiques et plusieurs querelles d'éclat m'ont trop fait servir d'aliment à la curiosité publique, et c'est souvent un mal; que mon profond mépris pour les noirceurs a pu acharner les méchants, qui ne veulent pas qu'on les croie ainsi sans conséquence: en effet, ils ne le sont pas; qu'une vaine réputation de très-petits talents a peut-être offensé de très-petits rivaux, qui sont partis de là pour me contester les qualités solides. Peut-être un juste ressentiment augmentant ma fierté naturelle, ai-je été dur et tranchant dans la dispute, quand je croyais n'être que nerveux et concis. En société, quand je pensais être libre et disert, peut-être avait-on droit de me croire avantageux. Tout ce qu'il vous plaira, messieurs; mais si j'étais un fat, s'ensuit-il que j'étais un ogre? Et quand je me serais enrubanné de la tête aux pieds; quand je me serais affublé, bardé de tous les ridicules ensemble, faut-il pour cela me supposer la voracité d'un vampire? Eh! mes chers ennemis, vous entendez mal votre affaire; passez-moi ce léger avis: si vous voulez me nuire absolument, faites au moins qu'on puisse vous croire.

Au reste, il est peut-être moins étonnant que des ennemis cachés poursuivent sourdement un honnête homme, que de voir un grave magistrat lui intenter un procès aussi bizarre que celui-ci, et l'appuyer sur des déclarations comme celles que je viens d'examiner, et sur une dénonciation comme celle dont je vais rendre compte.

Mais, direz-vous, je vois bien des déclarations suggérées, une conduite en général fort extraordinaire dans un magistrat : pour ses motifs, ils m'échappent absolument. — Donnez-moi la main, je vais vous y conduire, nous sommes sur la voie; car en matière criminelle, c'est par les faits qu'on doit remonter aux intentions, et non en devinant les intentions qu'il est permis d'aggraver les faits. Ainsi l'on raisonnerait fort mal, et l'on ferait la plus vicieuse pétition de principe, en disant, comme mon adversaire : « Le sieur de Beaumarchais se croyait une mauvaise cause, il a donné de l'argent à la femme de son juge; donc il a voulu le corrompre. »

Nous tâcherons d'être plus conséquents. Il est bien prouvé, dirai-je, que voilà deux déclarations extorquées à Lejay par M. Goëzman, dont l'une est fausse, l'autre insidieuse, et toutes deux fabriquées en connaissance de cause : quel est le principe? Le voici.

M. Goëzman savait fort bien avec quelle
clef sa femme m'avait ouvert son cabinet; et
sur ce fait, il me croyait auteur de quelques
propos fâcheux pour lui, qui couraient le
monde. Si je l'étais ou non, ce n'est pas ce
que j'examine ici : mais comme il le croyait,
il a voulu s'en venger cruellement : pour s'en
venger, il fallait commencer par s'en plaindre :
pour avoir ce droit, il fallait pouvoir les donner pour calomnieux : pour y parvenir, il fallait me conduire à nier que j'eusse fait un
sacrifice d'argent : pour m'y amener, il fallait
m'effrayer par une plainte en corruption de
juge : pour la former, il fallait me dénoncer
au parlement; pour me dénoncer, il importait
d'avoir une déclaration qui m'inculpât; enfin,
pour l'obtenir, il était nécessaire de tromper
madame Goëzman sur les conséquences de sa
dénégation, et Lejay sur celles de ses déclarations : c'est ce qu'on a fait; et nous voilà,
vous et moi, parvenus au point d'où l'on est
parti pour me dénoncer au parlement comme
corrupteur de juge et calomniateur.

Et le dilemme dont on espérait que je ne
pourrais jamais sortir est celui-ci : s'il nie d'a-
voir donné de l'argent, on lui dira : vous
avez donc calomnié en répandant qu'on l'a
reçu? S'il avoue les sacrifices : vous avez donc
voulu corrompre en les faisant? Ainsi enve-
loppé d'un double filet, il ne pourra s'échapper de la corruption qu'en tombant dans la
calomnie, et réciproquement; et nous le te-
nons, et nous le ferons punir.

Et puis ils se dépitent, ils piétinent comme
des enfants, de ce que je ne me tiens pas
pour battu par ce mauvais raisonnement, et
de ce que j'ai l'audace d'en faire un meilleur
devant mes juges, où, sans nier l'argent ni les
propos, je vais droit à ma justification par le
chemin le plus court, celui de la vérité.

Vous étiez mon rapporteur, il me fallait absolument des audiences, on les mettait à prix chez vous. J'ai ouvert ma bourse; on a tendu les mains. Les audiences ont manqué; l'argent a été rendu. Quinze louis sont restés égarés; on s'est chamaillé; cela s'est su, parce qu'il n'y a point de mouvement sans un peu de bruit; on en a ri, parce que la perte de mon procès n'intéressait personne; et là-dessus vous avez fait tout ce que je viens de prouver que vous avez fait.

Et parce que je discute publiquement une affaire que vous espériez faire juger secrètement, vous me donnez partout comme un homme odieux, turbulent, à qui l'autorité devrait interdire, sinon le feu et l'eau... du moins l'encre et la presse. Certes, monsieur, nous nous faisons, vous et moi, des reproches bien contraires, à la vérité dans des cas très-différents. L'exemple que je vous donne ici, je l'aurais reçu de vous avec reconnaissance; et quand vous fûtes mon rapporteur, si vous eussiez étudié mon procès comme vous me reprochez d'éplucher votre conduite, je n'aurais pas perdu cinquante mille écus *d'après votre avis*, et vous ne seriez pas aujourd'hui dans l'embarras de me répondre. Que faire donc? M'arrêter parce que j'ai raison? ceci n'est pas une affaire d'autorité; supprimer mon mémoire, parce qu'il est conséquent? il faudrait toujours en venir à discuter ce qu'il contient, puisque nous sommes en justice réglée; et comme dit un grave auteur: *Brûler n'est pas répondre*; quoi donc? recourir à l'autorité pour me réduire au silence? Allez, monsieur, je suis trop votre ennemi pour ne pas vous conseiller de le tenter. Après vous avoir bien démasqué, j'aurais le plaisir d'entendre dire de vous à tous les honnêtes gens: *Il a trouvé l'adversaire meilleur à écarter qu'à*

combattre, et ses objections plus faciles à étouffer
qu'à résoudre.

En attendant, passons à l'examen de votre
dénonciation contre moi.

Je ne donnerai la pièce qu'en substance,
parce que je n'ai pu que la parcourir, rapidement encore, pendant que le greffier écrivait
mes dires sur vos déclarations attachées à la
même liasse, que j'avais l'air d'examiner uniquement.

Mais le sens m'en a trop frappé pour que je
craigne de l'altérer en la rapportant.

La voici :

Dénonciation de M. Goëzman au Parlement.

Après un préambule inutile à mon affaire,
il continue ainsi :

..... Je me vois forcé de dénoncer à la cour une de
ces voies de séduction que la mauvaise foi des plaideurs met en usage pour corrompre les juges ou ceux
qui les entourent, etc.

Ayant appris que le sieur Caron de Beaumarchais
répandait des bruits calomnieux sur mon compte, et
voulant m'en éclaircir par moi-même, j'ai reconnu,
en interrogeant ma femme, que ledit Caron, après
avoir essayé de la séduire par une offre de présents
considérables, pour *parvenir à gagner mon* suffrage dans le procès dont j'étais rapporteur, et qu'il
a perdu *d'après mon avis*, a empoisonné dans le public le mépris et l'indignation avec lesquels ma femme
a rejeté ses offres malhonnêtes. J'ai fait venir ensuite
l'agent qui avait eu la faiblesse de se rendre négocia-
teur de ces présents, et qui, peut-être moins armé
contre la séduction de ma femme, a tout déclaré devant moi et devant d'autres personnes respectables,
etc., etc.

Comme je sais que le pardon des offenses est une
des premières vertus des magistrats, *je ne me rends
point l'accusateur* du sieur de Beaumarchais, pour
qu'on ne me taxe pas d'avoir fait cette dénonciation
par esprit de vengeance ou de ressentiment ; mais si
la cour se trouvait offensée qu'un plaideur eût tenté

de corrompre un de ses membres *pour gagner son suffrage*, et l'eût ensuite *calomnié*, elle serait la maîtresse, etc., etc.

Signé : Goëzman.

Ainsi donc vous ne m'accusez pas, monsieur, vous me dénoncez seulement à la cour comme *corrupteur* et *calomniateur :* c'était bien le moins que pût faire un homme généreux comme vous l'êtes, mais aussi grièvement offensé.

En vous rendant grâces de cet excès d'honnêteté, je vais procéder avec vous d'une façon plus noble encore; car je ne vous dénoncerai ni ne vous accuserai, et cependant vous allez voir s'il y a lieu à l'un et à l'autre.

Quoi ! monsieur, *j'ai voulu vous corrompre!*

Est-ce bien sincèrement que vous l'avez dit? Eh mais! l'intervalle de sept personnes entre vous et moi que j'ai établi dans mon premier mémoire, et le raisonnement qui le suit, ne vous ont donc pas convaincu que je n'ai pu ni dû, d'aussi loin, former l'absurde projet de vous corrompre?

J'ai voulu gagner votre suffrage! moi!

Ceci vaut la peine d'être examiné. Lorsque vous avez voulu savoir si j'avais cherché à vous corrompre ou non, qui avez-vous *interrogé?* madame Goëzman. *Voulant m'en éclaircir par moi-même, j'ai reconnu, en interrogeant ma femme, etc...* C'est donc uniquement sur la foi de madame Goëzman que vous m'avez dénoncé *pour avoir voulu gagner votre suffrage?* Mais cette même dame, dans son récolement que vous lui avez dicté, auquel elle entend se tenir, comme ayant eu ce jour-là, de prédilection, l'esprit aussi net que le corps, la tête aussi libre que la démarche, a fait écrire cette phrase remarquable : « Je déclare que Lejay ne m'a pas présenté d'argent pour gagner les suffrages de mon mari, qu'on sait bien être

incorruptible ; mais qu'il SOLLICITAIT seulement
DES AUDIENCES pour le sieur de Beaumarchais. »

Or, si elle a dit vrai dans le récolement,
vous avez donc dit faux dans la dénonciation? Si elle avait sa tête à elle en disant au
greffier *que Lejay ne sollicitait que des audiences*, elle ne l'avait donc pas en vous assurant *qu'il cherchait à vous corrompre* en mon
nom par son canal? Mais vous êtes le mari de
cette dame : eh! qui doit savoir aussi bien que
vous quand on peut compter ou non sur ses
paroles? Dans l'hypothèse raisonnable d'un
ménage aussi bien uni que le vôtre, un
mari peut-il s'y tromper? Que n'attendiez-
vous quelques jours pour minuter cette fatale
dénonciation? Vous n'auriez pas compromis
votre équité devant la cour. Il est dur aujour-
d'hui de ne pouvoir vous sauver de la mauvaise foi qu'en avouant une imprudence également impardonnable à l'époux et au magistrat!

Vous dites *qu'elle a rejeté l'or avec indignation et mépris?*

Il ne vous souvient donc plus qu'il est
prouvé au procès que, loin d'avoir montré
mépris ni indignation pour les rouleaux, elle
est convenue les avoir reçus, serrés et gardés au moins un jour et une nuit? Cette dé-
nonciation-là ne brille pas par l'exactitude;
et cependant c'est d'après elle que je suis décrété!

Et Lejay vous a, dites-vous, *certifié les mêmes
choses que madame Goëzman?*

Mais lui en se rétractant, et moi en vous
discutant, nous avons assez bien établi, ce
me semble, que vous aviez instigué ce malheureux à publier, à son escient et au vôtre,
une horrible fausseté verbalement et par
écrit! Cependant vous êtes libre, et je suis
décrété!

Ensuite, vous prétendez que je vous ai calomnié?

Quand j'aurais dit à tout le monde ce qui s'était passé entre madame Goëzman et Lejay, n'est-il pas prouvé maintenant que je n'aurais calomnié personne? Mais lorsque vous m'avez dénoncé, vous ne pouviez savoir si j'en avais parlé, puisque, aujourd'hui que l'instruction est finie, *ce fait n'a pas même été articulé une seule fois au procès :* ainsi, soit que j'en eusse parlé ou non, en me dénonçant comme calomniateur, il est bien prouvé que *c'est vous qui m'avez calomnié!* Oh! la misérable dénonciation!

Enfin, avec une ostentation de générosité qui n'en impose à personne, vous faites remarquer à la cour que vous ne voulez pas vous rendre mon accusateur, lorsque sur-le-champ vous m'accusez devant elle, en disant: « Mais si la cour se trouvait offensée qu'un plaideur eût tenté de corrompre un de ses membres pour gagner son suffrage, elle serait maîtresse, etc., etc. » Pour le corrompre! pour gagner son suffrage! cette phrase a bien de l'attrait pour vous! je croyais vous en avoir dégoûté. Mais qu'est-ce que je dis? votre dénonciation était faite avant la procédure, et je vous rends bien la justice de croire que, si elle était à faire aujourd'hui, vous vous en abstiendriez : vous rougiriez au moins d'y faire parade de cette première vertu des magistrats, le pardon des offenses, vous qui pour perdre un homme innocent osez lui supposer des crimes! Avant d'être généreux, monsieur, il faut être juste.

Eh! depuis quand le droit de juger les autres dispenserait-il d'être juste soi-même (disait Cicéron, plaidant contre Verrès devant le peuple romain)? Si vous ne réprimez pas de pareils abus, sénateurs, le puissant ne se mettant au-dessus des lois que pour traiter les faibles comme s'ils étaient au-dessous, il n'y aurait plus de loi pour personne. On verrait le pouvoir substitué au droit, l'arbitraire à la règle, ou si l'on retenait encore un vain simulacre de justice, ce serait pour en abuser plus sûrement à la faveur des formes. Les procès se termineraient encore; mais on ne jugerait plus, on déciderait. Ce désordre, né de la corruption, l'engendrant bientôt à son tour, on verrait l'avidité pressurer la crainte, et l'argent tenir lieu de tous moyens; on verrait les suffrages vendus au plus offrant, et les raisons de chacun évaluées au poids de son or : on ne compterait plus les voix, mais les sesterces (1) : le péculat effronté siégerait sans pudeur; et la frayeur de perdre, ou l'espoir de dépouiller, y soumettant également les bons et les méchants, on serait enfin parvenu au dernier degré de la corruption universelle, et l'État serait dissous.

Le sénat entendit l'orateur. Il condamna Verrès; et tout le peuple applaudit. Mais Verrès n'attendit pas son jugement. Que manque-t-il à ma cause? un défenseur plus éloquent : elle est juste, et semblable à celle des Siciliens. Le parlement écoute mon plaidoyer, et les Français ont des mains pour applaudir comme le peuple de Rome.

Puisque le sénat, le parlement, Cicéron, Verrès, vous et moi, nous convenons tous qu'il faut être juste, nous expliquerez-vous enfin, monsieur, la conduite que Lejay, dans ses interrogatoires, assure que vous avez tenue envers lui, depuis qu'il vous a fait ces deux monstrueuses déclarations? Écoutons-le encore parler lui-même. Sa naïveté a une grâce qui me charme toujours. Hélas! c'est elle qui

_____

(1) Monnaie romaine.

a touché le parlement. Aussi éclairés qu'équitables, les juges ont reconnu, même avant les preuves, au ton simple et vrai qui règne dans ses réponses, qu'elles étaient dépouillées d'artifice, et ils l'ont remis en liberté.

Lejay, interrogé s'il n'a pas été, depuis la seconde déclaration, chez M. Goëzman, a répondu « que ce magistrat l'a envoyé chercher une troisième fois; que le lendemain matin il rencontra le magistrat au coin de la rue de l'Etoile, à pied, venant au Palais, suivi d'un seul domestique, et qu'il lui a dit : « Monsieur, je venais à vos ordres; » qu'a cela M. Goëzman, toujours marchant, répondit d'un ton amical : « Mon cher monsieur Lejay, je vous ai envoyé chercher pour vous dire que vous soyez sans inquiétude : *j'ai arrangé les choses* de manière que vous ne serez *entendu* au procès que *comme témoin*, et non *comme accusé;* » que lui accusé répliqua : « Monsieur, je vous suis obligé: mais je venais aussi pour vous dire la vérité comme elle est. La vérité est que je n'ai consenti à mentir dans les deux déclarations que pressé par les vives sollicitations de madame, en l'assurant bien que si on me faisait aller en justice je ne soutiendrais jamais le mensonge qu'on me faisait faire, et qu'elle m'a toujours répondu : N'ayez pas peur · ce que nous exigeons de vous n'est que pour faire taire cette canaille sur les quinze louis; cela n'ira pas plus loin : et vous savez bien, monsieur, que quand M. le premier président m'en a parlé l'autre jour devant vous, j'étais tout tremblant, à cause de votre présence qui m'empêchait de lui dire la vérité; » et qu'alors il remit devant les yeux de M. Goëzman les choses telles qu'elles s'étaient passées, sur les cent louis, la montre et les quinze louis, et telles qu'il nous les a dites dans le présent interrogatoire : que M. Goezman l'écoutait impatiemment, et finit par dire : « J'en suis fâché pour vous, mais *il n'est plus temps*; » (il n'est plus temps!) « vous avez fait deux déclarations, et *ma femme vous en soutiendra le contenu jusqu'à la fin* : si vous variez, *ce sera tant pis pour vous.* »

» Qu'en ce moment, étant arrivés au Pont-Rouge, M. Goëzman lui dit : « M. Lejay, il n'est pas nécessaire qu'on nous voie plus loin ensemble : quittez-moi ici; » et qu'ils se quittèrent. Et le bon Lejay ajoute : « Nous parlions si haut, que le domestique a dû tout entendre; il dira bien si je dis vrai ou non. » Comme ce seul trait peint un homme naïf! il prend à témoin le valet de M. Goëzman! O bon Lejay!

Ceci me rappelle qu'à sa confrontation avec madame Goëzman, ne trouvant plus de ressources dans son éloquence contre les dénégations obstinées de la dame sur les quinze louis, il lui dit avec la chaleur ingénue d'un écolier : Si vous ne voulez pas convenir, madame, que vous avez les quinze louis, « je suis donc un fripon, moi qui vous les ai remis? » Mais quoiqu'il répétât cette phrase trois ou quatre fois, jamais madame Goëzman n'eut le courage de lui répondre autre chose, sinon : « Je ne dis pas que vous soyez un fripon; mais vous êtes une grosse bête, une franche tête à perruque » : et grâces à l'équité de M. de Chazal, ce trait important fut couché par écrit. Plus outré encore, il lui disait un moment après, et toujours sur ces quinze louis : « Eh bien, madame, prenons-nous à bras-le-corps et jetons-nous par la fenêtre, on verra bien en bas qui de nous deux était le menteur, ou la main dans le feu, madame, comme il vous plaira; choisissez. » Je ne sais si cela fut écrit; il serait malheureux qu'on y eût manqué. En tout cas, je ne doute point

que M. de Chazal, commissaire-rapporteur,
qui était présent, ainsi que le greffier, ne rendent compte à la cour de l'effet qu'ont dû
produire sur lui ces circonstances, qui me pa-
raissent à moi de la plus grande force pour
discerner la vérité du mensonge. On se doute
bien que madame Goëzman n'acceptait rien,
parce qu'en effet rien n'était acceptable. Mais
que le refus ici est loin d'ôter le prix à ces
provocations naïves et fougueuses!

Après avoir parlé des naïvetés du sieur Lejay, faut-il en taire une excellente de madame
Goëzman, que le rapporteur eut aussi l'équité
de faire écrire? Lejay, reprochant à la dame
qu'elle était cause de tout le mal, lui disait :
« Cela ne fût pas arrivé, madame, si vous eussiez voulu croire M. de Sartines, lorsque vous
lui montrâtes devant moi la première déclaration, et qu'en la parcourant légèrement il
vous dit : A votre place, madame, je laisse-
rais tout cela; ce sont de mauvais propos,
qui, n'ayant pas de fondement, tomberont
d'eux-mêmes. » Madame Goëzman, entraînée
par la chaleur de Lejay, répondit sans y son-
ger : « Et vous! bête que vous êtes! si vous
aviez soutenu que cela n'était pas vrai, comme
je vous l'avais dit, nous ne serions pas ici. »
Ce trait ne fut pas plus tôt échappé, qu'elle
fit tous ses efforts pour empêcher au moins
qu'on ne l'écrivît; mais Lejay le demanda
avec tant d'instances, que celles de madame
Goëzman furent inutiles, et tout fut écrit
exactement. En général, la plus scrupuleuse
exactitude a présidé à l'instruction de ce procès bizarre : ce faible hommage que je rends
à l'intégrité des rapporteurs est d'autant
moins équivoque de ma part, qu'on ne me
soupçonnera pas de le prodiguer légèrement
et sans choix.

Finissons : la sueur me découle du front, et

je suis essoufflé d'avoir parcouru d'un trait une carrière aussi fatigante. Attaqué dans la nuit, usant du droit d'une défense légitime, je viens de m'élancer sur celui qui me frappait, le saisir au collet, m'y cramponner, l'entraîner malgré sa résistance au plus prochain fanal, et ne l'abandonner au bras qui veille à la sûreté commune, qu'après l'avoir bien reconnu et fait connaître aux autres. Arrêtons-nous donc, et posons la plume en attendant qu'on nous réponde. Bien remonté pour souffrir, et prêt à recommencer, je ne dirai pas comme M. Goëzman : *Il n'est plus temps*. Il sera toujours temps pour moi.

Il n'est plus temps! cette horrible phrase a ranimé mes forces. IL N'EST PLUS TEMPS! Quoi! monsieur, il arrive un moment où *il n'est plus temps* de dire la vérité! un homme a **signé** par faiblesse pour vous une fausse déclaration qui peut perdre à jamais plusieurs honnêtes gens; et parce que son repentir nuirait à vos ressentiments, *il n'est plus temps* d'en montrer! Voilà de ces idées qui font bouillir ma cervelle et me soulèvent le crâne. *Il n'est plus temps!* Et vous êtes magistrat! Où sommes-nous donc, grand Dieu! Oui, je le dis, et cela est juste; il faudrait pendre Lejay s'il eût été capable d'inventer à son interrogatoire, *il n'est plus temps*. Mais puisque ces terribles mots ont frappé plusieurs fois l'oreille des juges, et que Lejay, loin de descendre au cachot, a été remis en liberté le même jour, on a donc senti qu'il ne les avait pas inventés. — On a fait plus, on a réglé l'affaire à l'extraordinaire. — Je vous entends, et j'en rends grâces au parlement. Mais voilà, sans mentir, de terribles phrases attribuées à M. Goëzman.

Et celle-ci : « Mon cher monsieur Lejay, soyez sans inquiétude, *j'ai arrangé les choses* de façon que vous ne serez entendu que *comme témoin* au procès, et non *comme accusé.* » Vous avez arrangé les choses, monsieur! Dépositaire de la balance et du glaive, vous avez donc pour l'une deux poids et deux mesures, et vous retenez l'autre ou l'enfoncez à votre choix, de façon qu'on est témoin si l'on dit comme vous, accusé si l'on s'en écarte, innocent ou coupable ainsi qu'il vous convient? Pour ce trait-là : par exemple, comme il ne peut tomber dans la tête de personne, je défie Lejay de l'inventer en cent ans. Vous nous l'avez bien dit, madame Lejay, avec une naïveté digne du temps patriarcal, « mon mari n'a pas assez d'esprit pour faire toutes ces belles phrases-là. » Félicitez-vous, certes, de ce qu'il n'a pas l'esprit d'en faire de pareilles.

Et cette autre : « Vous avez fait deux déclarations; *ma femme vous en soutiendra le contenu jusqu'à la fin.* » Non, non, Lejay, bon courage; elle ne les soutiendra pas; ou si elle les soutient, elle se coupera, dira noir, dira blanc, avouera tout, se rétractera, n'aura qu'une conduite déplorable; elle et son conseil perdront la tête; heureux encore si l'effet pouvait en être nul! Enfin, ne trouvant plus de ressources dans leur art, ils finiront par mettre la nature au procès pour se tirer d'affaire.

Et cette autre phrase : « Si vous variez, ce sera *tant pis pour vous.* » Ne le croyez pas, bon Lejay. Écoutez l'aigle du barreau; que vous dit Me Gerbier? « Ce que vous avez de mieux à faire, monsieur, est de revenir à la vérité. » Si ce célèbre avocat n'a fait que son devoir en conseillant ainsi Lejay, dans quelle classe rangerons-nous l'avis du magistrat? *Si vous variez, ce sera tant pis pour vous.* Quoi donc! il sera décrété? Vous l'accablerez de votre crédit? Marin opinera pour qu'il soit sacrifié?

N'importe; il aura dit la vérité. La *Gazette* n'est pas l'Evangile; et, grâces au ciel, M. Goëzman n'est pas le parlement.

Et cette autre phrase enfin, qui achève le tableau : « Monsieur Lejay, il n'est pas nécessaire qu'on nous voie plus loin ensemble; *quittez-moi ici.* » On saurait que vous m'avez parlé; d'après ce que vous m'avouez, si contraire à ma dénonciation, il faudrait que j'agisse de façon ou d'autre; QUITTEZ-MOI ICI. Si l'on pouvait soupçonner cette nouvelle explication entre nous, cela me donnerait de nouveaux torts : *il n'est pas nécessaire qu'on nous voie plus loin ensemble;* QUITTEZ-MOI ICI. Je vous ai volontiers écouté dans l'île Saint-Louis, où il passe peu de monde; mais après le Pont-Rouge, sur la route du Palais, cela tire à conséquence pour moi, le pays est trop peuplé; QUITTEZ-MOI ICI. Lejay le quitta. Je le quitte aussi.

CARON DE BEAUMARCHAIS.

MM. *DOÉ DE COMBAULT, DE CHAZAL,*
rapporteurs.

D'après l'exposé de mon premier mémoire, et les preuves annoncées dans le présent supplément, que j'ai acquises par la lecture de la procédure lors des confrontations, je demande si la plainte rendue contre moi est fondée, si je n'ai pas le droit d'espérer une décharge entière, et quelle voie je dois prendre pour obtenir des dommages-intérêts contre mon dénonciateur.

Signé, CARON DE BEAUMARCHAIS.

ADDITION

AU SUPPLÉMENT DU MÉMOIRE A CONSULTER

SERVANT DE RÉPONSE

à madame Goezman, accusée: au sieur Bertrand Dairolles, accusé; aux sieurs Marin, gazetier de France:
et l'Arnaud Baculard, conseiller d'ambassade, assignés comme témoins.

> Écrivez, monsieur, que je ne me mêle
> ni des audiences de mon mari, ni des
> affaires de son cabinet, mais seulement
> de mon ménage, etc.
>
> *(Confrontation entre madame Goezman et moi.)*

Eh bien! madame, il est donc décidé que je
vous trouverai toujours en contradiction?
Vous ne vous mêlez, dites-vous, ni du cabinet ni des audiences de monsieur votre mari :
et sur les audiences de ce même cabinet vous
nous donnez un mémoire bien long, bien hé-
rissé de textes d'ordonnances, de passages
latins, de citations savantes ; le tout renforcé
des plus mâles injures; vous nous argumen-
tez dans cinquante-quatre mortelles pages,
comme un docteur ès-lois, sans vous soucier
pas plus de répondre à mes mémoires que s'ils
n'existaient point ou ne traitaient pas de
l'affaire à fond.

Mais à qui parlé-je aujourd'hui? est-ce à
madame? est-ce à monsieur? Qui des deux a
plaidé? Ce ne peut être vous, madame; vous
ne vous piquez certainement pas d'entendre
un mot des choses qu'on y traite. Ce ne peut
pas être monsieur non plus : l'ouvrage serait
plus conséquent; il irait au fait; on n'y rebat-
trait pas des objets combattus d'avance par

mon supplément, qui était entre ses mains plus de douze jours avant la publication de ce mémoire.

Quoi qu'il en soit, il me convient mieux, madame, de vous adresser la parole. Indépendamment du respect et des égards qui vous sont dus personnellement, le souvenir que je parle à une femme contiendra la juste indignation que j'aurais peine à maîtriser autrement. Ce n'est pas que tous ceux qui m'ont fait l'honneur d'écrire contre moi ne doivent trouver ici le juste salaire de leurs soins obligeants. En m'éloignant le moins possible du fond de la question, dont chacun cherche à me distraire, je ne laisserai pas, chemin faisant, que de répondre à tout le monde : et l'on doit me savoir gré de ma civilité.

Car tant que vous ne détruirez pas les faits articulés dans mon supplément; tant que vous ne prouverez pas que j'ai dit faux sur les débats de notre confrontation, sur vos aveux forcés, sur les contradictions de vos interrogatoires, tant que vous ne laverez pas M. Goezman de l'infamie d'avoir suborné Lejay, d'avoir minuté la déclaration chez lui, dans sa maison, à son bureau, avant qu'il y eût de procédure entamée, et d'avoir fait et nié les faux remarqués dans ces déclarations; tant que vous ne prouverez que je suis un imposteur que par des injures, des lettres mendiées et des récriminations étrangères à la cause, je ne suis pas tenu d'user mon temps à vous répondre.

Six mémoires à la fois contre moi! c'était assez d'un seul pour mes forces; et je me vois accablé sous les boucliers des Samnites. Mais c'est une plaisante ruse de guerre que de dire, comme le comte de la Blache : Cette affaire dérangera sa fortune; il faut gagner sur le temps, plaider longuement, surtout le consu-

mer en menus frais, et le désoler comme un
essaim de frelons : six réponses lui coûteront
dix à douze mille francs d'impression, dans le
temps que tous ses biens sont saisis, et qu'il
n'a pas dix à douze écus de libres au monde.
Est-ce là votre projet, messieurs? Il est sans
doute très-bon contre moi ; mais croyez qu'il
ne vaut rien pour vos défenses, et j'écrirai
que vous ne vous défendez seulement pas; et
je le répéterai jusqu'au tronçon de ma dernière plume ; j'y mettrai l'encrier à sec; et
quand je n'aurai plus de papier, j'irai jusqu'à
disputer vos mémoires aux chiffonnières, et
j'en griffonnerai les meilleurs endroits, qui
sont les marges; j'emploierai le crédit de mon
libraire pour en obtenir de l'imprimeur; et si
je n'en trouve aucun traitable sur mes mémoires, je vendrai les premiers pour payer les
derniers.

Enfin vous n'aurez ni trêve ni repos de moi
que vous n'ayez répondu *catégoriquement* à
tous les faits graves dont je vous charge devant le parlement et la nation, ou que vous
n'ayez passé condamnation sur tous les
chefs ; car de vous amuser à critiquer la lé-
géreté de mon style, et donner ma gaieté
pour un manque de respect à nos juges, c'est
se moquer du monde : il est bien question de
cela !

Lorsque Pascal, dans un siècle bien différent du nôtre, puisqu'on y disputait encore sur des points de controverse, écrivait
du ton le plus léger, le plus piquant, d'un ton
enfin où ni vous, ni le comte de la Blache, ni
M. Gaillard, ni Marin, ni Bertrand, ni Baculard, ni moi, n'arriverons jamais; lorsque
Pascal, dis-je, reprochait à ses adversaires,
du style le plus plaisant, l'étrange morale
d'Escobar, Bauni, Sanchès et Tombernil, des
gens sensés l'accusèrent-ils de manquer au

respect à la religion? s'offensèrent-ils pour
elle qu'il répandît à pleines mains le sel de la
gaieté sur les discussions les plus sérieuses?
Après avoir plané légèrement sur les personnes, il élevait son vol sur les choses, et ton-
nait enfin à coups redoublés, quand sa pieuse
indignation avait surmonté la gaieté de son
caractère.

Quant à moi, messieurs, si je ris un peu de
vos défenses, parce qu'en effet vos défenses
sont très-risibles, par quelle logique me prou-
verez-vous que de vous plaisanter soit manquer de respect au parlement? Quand il m'arrive d'adresser la parole à nos juges, ne me-
suré-je pas à l'instant mon ton sur la dignité
de mon sujet? Et mon profond respect, alors,
est-il au-dessous de ma parfaite confiance?

Faut-il pour vous plaire que je sois, comme
Marin, toujours grave en un sujet ridicule, et
ridicule en un sujet grave? Lui! qui, au lieu
de *donner son riz à manger au serpent*, en prend
la peau, s'en enveloppe, et rampe avec autant
d'aisance que s'il n'eût fait autre métier de
sa vie.

Voulez-vous que d'une voix de sacristain
comme ce grand indécis de Bertrand, j'aille
vous commenter l'*introïbo*, et prendre avec
lui le ton du psalmiste pour finir par chanter
les louanges de Marin, après avoir discerné ses
intérêts de ceux du gazetier dans son épi-
graphe : *Judica me, Deus, et discerne causam
meam... ab homine iniquo*, etc.

Irai-je montrer une avidité, une haine
aveugle et révoltante, en imitant le comte de
la Blache, qui vous suit partout, vous, monsieur Goëzman, vous défend dans tous les
cas, vous écrit dans tous les coins, et qu'on
peut appeler à juste titre votre homme de
lettres?

Serait-il bienséant que, d'un ton boursouflé, j'allasse escalader les cieux, sonder les *profondeurs de l'enfer*, enjamber le *Tartare*, pour finir, comme le sieur d'Arnaud, par ne savoir ce que je dis, ni ce que je fais, ni surtout ce que je veux? Eh! messieurs, laissez mon style, et tâchez de réformer le vôtre. Je n'ai qu'à vous imiter et me mettre à dire, comme vous, des injures pour toutes raisons; personne ne sera lu, et l'affaire n'en marchera pas mieux.

Il faut pourtant une fin, messieurs; car toutes vos intrigues, vos cabales, vos criailleries, vos mémoires, vos efforts pour me rendre odieux aux puissances, aux ministres, au parlement, au public, ne sont pas le fond de l'affaire. Je vous vois, je vous suis dans vos marches ténébreuses.

Je sais que vous me donnez partout pour un émissaire des mécontents, chargé de ridiculiser le système actuel; mais cela ne prendra pas, je vous en avertis : je sais aussi que c'est le sieur Marin qui a suggéré au sieur Bertrand de dire que je favorisais la..., qui lui fait prêter à ma sœur le propos que *mes mémoires serviront de suite à la...* Je sais même que vous travaillez tous à me faire passer pour l'auteur de la... (1). J'indiquerais, si je voulais, le lieu où l'on s'assemble pour conspirer ma perte, où l'on tient ce sabbat, ce

(1) Ces mots, ou plutôt ces points, désignent de petits pamphlets très-piquants, très-recherchés à cette époque, et que l'on répandait sous le nom de *la Correspondance*. Ce titre, qui ne spécifie rien, blessait si fortement alors les yeux et les oreilles des magistrats du nouveau parlement, que Beaumarchais se garda bien de le proférer, même en tournant en ridicule les efforts tentés par ses ennemis pour le faire soupçonner d'en être l'auteur, quoiqu'ils sussent bien que les libelles et les écrits anonymes n'étaient point à son usage.

tribunal de haine ; je dirais quel est le président de cette noire assemblée, quel en est l'orateur, quels en sont les conseillers, quel en serait au besoin le bourreau...

Allez, messieurs, entassez noirceurs sur noirceurs, denigrez, calomniez, déchirez. Tourmenté sous le fouet des Furies, Oreste embrassait la statue de Minerve, et moi j'embrasse celle de Thémis; il demandait à la sagesse d'expier ses crimes, et moi à la justice de me venger des vôtres.

Calmons nos sens ; quittons la figure, et débattons froidement, si je puis, tous les écrits livrés à mon examen.

Pour commencer, remettons sous les yeux de mes juges un tableau succinct de tout ce que contiennent mes mémoires, et rendons à mes défenses, par la brièveté d'un résumé, la force que leur étendue a peut-être énervée. Mais lorsqu'on réfléchira que je suis dénoncé sans être coupable, décrété sans corps de délit, poursuivi à l'extraordinaire dans un procès où j'avais droit de me rendre accusateur, on me pardonnera d'avoir enchaîné par la multiplicité des détails la vérité furtive et toujours prête à s'égarer dans une affaire aussi chargée d'incidents étrangers.

Dans ces mémoires j'ai dit en substance :

Désolé de ne pouvoir obtenir d'audience de mon rapporteur, j'ai dû au seul hasard l'intervention du sieur Lejay, que je n'ai jamais vu, pour arriver à madame Goëzman, que je n'ai jamais vue, et pénétrer enfin jusqu'à M. Goëzman, que je n'ai fait qu'entrevoir.

Prisonnier et souffrant, deux objets seuls m'intéressaient, la promesse des audiences et le prix qu'on y attachait; le zèle de mes amis a fait le reste.

J'ai dit et prouvé qu'il n'y aurait pas eu moins d'absurdité à moi d'espérer corrompre au rapporteur incorruptible, à travers sept intermédiaires, qu'il n'y a eu de cruauté à lui de le supposer en me dénonçant.

J'ai dit et prouvé qu'après avoir sacrifié cent louis pour obtenir une audience, je n'avais que plus vivement recherché celui à qui je la demandais : démarches, comme on sait, très-superflues pour qui se fût flatté d'avoir corrompu le juge en payant sa femme.

J'ai dit et prouvé que quand j'aurais voulu le corrompre, dès qu'il soutient être resté incorruptible, le mal n'ayant pas eu son effet, l'intention non prouvée ne serait jamais un délit punissable dans les tribunaux.

J'ai dit et prouvé que je n'avais eu qu'une seule et unique audience de M. Goëzman : et je reviendrai encore sur la preuve de ce fait, qui m'est de nouveau contesté.

J'ai dit et prouvé que madame Goëzman avait reçu cent quinze louis; qu'elle en avait depuis rendu cent, mais en avait depuis réservé quinze.

J'ai dit et prouvé que M. Goëzman était l'auteur des déclarations de Lejay; qu'il avait minuté la première et dicté la seconde; enfin qu'il avait fait un faux, puis une dénonciation calomnieuse au parlement contre moi.

J'ai dit ensuite, sans le prouver, que mon exposé était en tout conforme aux dépositions des témoins et interrogatoires des accusés; mais la preuve est au procès.

Ensuite j'ai prouvé, sans avoir besoin de le dire, que le sieur Marin avait eu une conduite peu honnête en cette querelle, où il s'était immiscé sans y être appelé; que le sieur d'Arnaud, vivement sollicité, avait trop légèrement accordé une lettre à M. Goëzman, dont il n'avait pas senti les conséquences alors, et qu'il a démenti depuis.

Que me reste-t-il à faire? bien prouver ce

que je n'ai fait qu'avancer; me taire sur ce
que je crois avoir bien prouvé; surtout répliquer en bref à une foule de mémoires dont
aucun ne répond aux miens.

Je commencerai par le vôtre, madame, dont
j'aurai bientôt fait l'analyse. Si j'en retranche
les injures, les mots *atroce, infâme, misérable,
monstre, horrible*, etc., etc., je l'aurai déjà res-
serré d'une bonne douzaine de pages. En faisant évanouir par une seule remarque cette
fameuse liste de votre portière, et ces preuves victorieuses qu'elle fournit contre moi,
j'en aurai gagné au moins encore une ving-
taine d'autres; cinq ou six à passer pour
l'honnête éclaircissement des honnêtes motifs
de l'honnête rapport que M. Goëzman a fait
au parlement de mon procès contre M. de la
Blache, absolument étranger à votre défense;
sept ou huit autres pour votre naissance, votre éducation, vos mœurs, et la notice de toutes les places qu'a manquées M. Goëzman, de
toutes les recommandations qui n'ont pas pu
avoir de succès pour lui; les baptêmes, les
billets d'enterrement de sa famille, les ouï-
dire sur sa noblesse, etc.; neuf ou dix encore
pour les pièces justificatives, qui ne sont justificatives que de faits inutiles à la question,
ou même absolument contraires aux choses
qu'il entend prouver, etc.

Alors il nous restera quelques pages au
plus sur l'affaire, et qui, loin de résoudre mes
pressantes objections, ne mériteraient pas
plus de réponse que le reste, si elles ne contenaient pas deux ou trois graves imputations
que je ne puis feindre d'oublier sans me déshonorer entièrement, quoique la plus grave
de toutes soit même étrangère à ce procès.

Mais peut-être aussi n'est-ce pas là le grand,
le véritable mémoire que vous promettiez!
Quelques gens ont pensé que M. Goëzman en

ferait un autre, où vous et lui seriez plus sé-
rieusement défendus; car c'est se moquer!
mais que ne voulant pas perdre l'honneur que
celui-ci devait vous faire à tous deux, vous le
donniez toujours en attendant, pour tenir le
public en haleine, et de peur qu'il n'en chô-
mât, quoiqu'on puisse le regarder, d'après
mon supplément, comme un almanach de
l'an passé.

Vous entamez ce chef-d'œuvre par me reprocher l'état de mes ancêtres. Hélas! madame,
il est trop vrai que le dernier de tous réunis-
sait à plusieurs branches de commerce une
assez grande célébrité dans l'art de l'horlogerie. Forcé de passer condamnation sur cet article, j'avoue avec douleur que rien ne peut
me laver du juste reproche que vous me faites d'être le fils de mon père..... Mais je m'arrête ; car je le sens derrière moi qui regarde
ce que j'écris, et rit en m'embrassant.

O vous, qui me reprochez mon père, vous
n'avez pas l'idée de son généreux cœur : en
vérité, horlogerie à part, je n'en vois aucun
contre qui je voulusse le troquer. Mais je
connais trop bien l'esprit du temps, qu'il
m'apprit à mesurer, pour le perdre à relever
de pareilles fadaises. Tout le monde aussi ne
peut pas dire comme M. Goëzman :

> Je suis fils d'un bailli, oui ;
> Je ne suis pas Caron, non.

Cependant, avant de prendre un dernier
parti sur cet objet, je me réserve de consulter, pour savoir si je ne dois pas m'offenser
de vous voir ainsi fouiller dans les archives
de ma famille, et me rappeler à mon antique
origine, qu'on avait presque oubliée. Savez-
vous bien, madame, que je prouve déjà près
de vingt ans de noblesse : que cette noblesse
est bien à moi, en bon parchemin, scellé du

grand sceau de cire jaune ; qu'elle n'est pas, comme celle de beaucoup de gens, incertaine et sur parole, et que personne n'oserait me la disputer, car j'en ai la quittance ?

Quant à l'arrêt du parlement, rendu sur l'avis de M. Goëzman, madame, usant des voies de droit ouvertes à tout citoyen, je m'étais pourvu au conseil du roi ; et mon profond respect pour la cour me tenait dans un silence modeste sur le juste espoir que j'avais de faire adopter au conseil les moyens de cassation que cet arrêt semblait offrir. Mais il suffit que vous nous ayez enfin donné les véritables motifs de M. Goëzman, pour que tous les jurisconsultes soient actuellement persuadés, comme moi, que le conseil me rétablira bientôt dans tous mes droits. Mon seul regret alors sera de n'être pas renvoyé en révision de cause devant ces mêmes juges que M. Goëzman induisit en erreur ; car s'il faut l'avouer ingénument, mes frayeurs, dans cette affaire, n'ont jamais tombé que sur le rapporteur ; avec tout autre, je crois fermement que j'aurais gagné ma cause d'emblée.

On sait bien qu'au rapport des procès un peu chargés d'incidents, tous les juges ne peuvent pas apporter le même degré d'attention ; que tous ne sont pas également frappés de la liaison des faits justificatifs, surtout quand elle est coupée sans cesse par le plaidoyer d'un rapporteur fort de poitrine, et préoccupé de tête : de sorte qu'avec toute l'intégrité et les lumières possibles, lorsqu'un rapporteur, à la voix de Stentor, soutient opiniâtrement son avis, il peut arriver que les juges, fatigués d'une trop longue contention d'esprit, s'accordent moins qu'ils ne lui cèdent, et que la pluralité des suffrages se forme plus alors de l'ennui de disputer que d'une véritable conviction de la bonté de l'avis qui prévaut sur tous les autres.

Voilà, madame, ce que j'avais à vous dire sur l'affectation très-cruelle avec laquelle M. Goëzman étale en public les prétendus motifs de l'arrêt, qui ne sont pas avoués par aucun de ses confrères. Selon lui, le parlement renversant tous les principes exprès pour me nuire, au lieu d'ordonner de faire le procès à la pièce, et de dire ensuite, s'il y avait eu lieu, l'acte qu'on nous présente est reconnu faux, donc l'homme doit perdre son procès, aurait ainsi raisonné : le comte de la Blache et M. Goëzman d'après lui, nous répètent sans cesse que l'homme est suspect; sans autre examen, il n'y a pas d'inconvénient de décider que l'acte dont il demande l'exécution est faux.

Et c'est, monsieur, sous le manteau de madame que vous vous enveloppez pour nous apprendre de si belles choses! Digne défenseur du comte de la Blache, qui se rend à son tour le vôtre! Je ne suis pas si grand jurisconsulte que vous; mais je répondrai au plus faux, au plus odieux des arguments, par une pièce qui ne vous était pas destinée, et que je brochai rapidement à Fontainebleau, la veille de l'admission de ma requête, pour joindre une courte instruction sur le fond du procès aux lumières que le rapporteur allait répandre sur le défaut de formes de l'arrêt. Voici ce que j'osai présenter, en peu de mots, au conseil du roi.

Deux questions embrassent entièrement le fond de l'affaire.

Première question : L'acte du premier avril 1770 est-il un arrêté de compte, une transaction ou un simple acte préparatoire? — *Seconde question:* L'arrêté de compte est-il faux ou véritable?

Réponse. — L'acte du premier avril est un arrêté de compte.

Il est intitulé : *Compte définitif entre M. Duverney et de Beaumarchais.*

Il est fait double entre les parties.

Il renferme un examen, une remise et une reconnaissance de la remise des pièces justificatives de cet arrêté.

Il porte une discussion exacte de l'actif et du passif de chacun, et finit par constater irrévocablement l'état réciproque des parties, en en fixant la balance par un résultat.

Si l'acte n'eût pas été un arrêté définitif, il ne contiendrait pas une transaction; car la transaction même ne porte que sur un des articles fixés par l'arrêté de compte.

Aux yeux de la loi, c'est la disposition la plus générale d'un acte qui en détermine l'essence. L'arrêté de compte est général, et la transaction seulement partielle. Donc cet acte est un arrêté de compte; donc c'est sous ce point de vue qu'on a dû le juger; donc la déclaration de 1733 n'y est nullement applicable; donc l'arrêt qui l'a déclaré nul, sans qu'il eût besoin de lettres de rescision, doit être réformé.

D'après ce qui vient d'être dit, la seconde question : *l'arrêté de compte est-il faux ou véritable?* n'est plus, dans l'espèce présente, qu'un tissu d'absurdités, dont voici le tableau.

Si l'arrêté n'est pas de M. Duverney, à propos de quoi présentiez-vous au parlement à juger si cet acte est un arrêté, une transaction, un compte définitif, ou seulement un acte préparatoire? Pourquoi demandiez-vous un entérinement de lettres de rescision? Il fallait contre un acte faux vous pourvoir par la voie de l'inscription de faux. Je vous ai provoqué de toutes les manières; vous vous en êtes bien gardé.

Et si l'arrêté est de M. Duverney, nous voilà rentrés dans la première question, laquelle exclut absolument la seconde.

Or, il s'agit ici de l'arrêt du parlement; la cour n'a pas pu regarder l'acte comme faux, puisqu'on lui présentait à juger la proposition précisément contraire; c'est à savoir *si un arrêté de compte définitif entre majeurs doit être exécuté?*

Donc le parlement n'a pas pu le rejeter en entier, ni l'annuler, sans qu'il fût besoin de lettres de rescision : donc l'arrêt doit être réformé.

Mon adversaire, tournant sans cesse dans le cercle le plus vicieux, cumulait à la fois les lettres de rescision, la voie de nullité, et le débat des différents articles du compte.

Sur le premier article, il disait : La remise de 160,000 liv. de billets, exprimée dans l'arrêté, n'est qu'une illusion. Il jugeait donc *faux* l'acte par lequel M. Duverney reconnaissait les avoir reçus de moi.

Sur le quatrième article, il disait : Il y a ici un double emploi de 20,000 liv. Cette somme n'est pas entrée dans l'actif de M. Duverney, porté à 139,000 liv. Il reconnaissait donc *véritable* l'acte où il relevait une erreur prétendue; car il n'y a pas de double emploi où il n'y a pas d'acte.

Sur le cinquième article, il disait, sans aucune autre preuve que son allégation : Le contrat de rente viagère au capital de 60,000 liv. n'a jamais existé. Il regardait donc de nouveau comme *faux* l'acte qui en portait le remboursement.

Il prétendait ensuite prouver son assertion sur la nullité de cette rente par les termes de l'acte même; n'était-ce pas avouer de nouveau que l'acte était *véritable?*

Sur le sixième article du compte, il disait :

Il n'y a jamais eu de société entre M. Duverney et le sieur de Beaumarchais pour les bois
de Touraine. Il revenait donc à soutenir que
l'acte qui la résiliait était *faux.*

Sur le septième article, contenant une indemnité, il disait : C'est en trompant M. Duverney qu'on se fait adjuger l'indemnité sur
une affaire qu'on lui présentait comme oné-
reuse, quand il est prouvé qu'elle est très-
bonne. Il regardait donc derechef l'acte comme
véritable; car pour abuser de l'esprit d'un
acte, il faut que le fond en existe entre les
parties.

Plus loin, il disait : Payez-moi pour 56,000
livres de contrats, car vous les deviez à
M. Duverney. L'acte qui les passe en compte
était donc *faux*, selon lui.

Plus loin encore, il disait : Je ne vous prê-
terai point 75,000 livres, car selon l'acte même
j'ai le droit de rentrer en société. L'acte dont
il excipait alors était donc redevenu *véritable?*

C'est ainsi que, pirouettant sur une absurdité, il trouvait l'acte *faux* ou *véritable*, selon
qu'il convenait à ses intérêts.

N'alla-t-il pas jusqu'à dire et faire imprimer : Si je préfère de discuter l'acte comme
véritable, à l'attaquer comme *faux*, c'est parce
que j'y trouve plus mon profit! Il est honnête
le comte de la Blache!

Enfin, sans qu'on ait jamais pu savoir au
vrai ce que mon adversaire voulait et ne voulait pas sur cet acte, on a tranché la question
d'après l'avis de M. Goëzman, *en annulant l'arrêté de compte, sans qu'il fût besoin de lettres de
rescision.*

Etait-ce décider que l'acte est *faux?* C'eût
été juger ce qui n'était pas en question; on
ne s'était pas inscrit en faux; donc il faudrait réformer l'arrêt.

Etait-ce juger que l'acte est *véritable*, mais

qu'il y a erreur ou dol, double emploi ou faux emploi? Mais dans ce cas on ne pouvait l'*annuler sans qu'il fût besoin de lettres de rescision*. Donc, de quelque côté qu'on l'envisage, l'arrêt du parlement ne peut se soutenir, et doit être réformé.

Je n'ai traité dans ce court exposé que la partie du fond de mon affaire qui a rapport à la cession que je sollicitais; j'ai laissé de côté mon droit incontestable, parce qu'il ne s'agit pas aujourd'hui de savoir si j'ai tort ou raison sur le fond de mes demandes, mais seulement si le parlement a jugé, selon les lois, l'entérinement des lettres de rescision, la seule question qui lui était soumise.

J'aurais cru, monsieur, vous faire la plus mortelle injure en osant publier l'odieux propos qu'on vous attribuait alors. M. Goëzman, disait-on, répond à tous ceux qui lui objectent l'irrégularité du prononcé : « On a jugé l'homme, et non la chose. » Mais vous avait-on donné un homme à juger? Rapporteur d'un procès civil, deviez-vous faire acception de personnes; et parce qu'un des clients vous semblait accrédité, dénier la justice à l'autre, Et vous avez la confiance aujourd'hui d'imprimer pour motifs d'un arrêt attaqué au conseil : « qu'on décide maintenant quel homme le parlement a jugé! »

Est-elle assez justifiée l'opinion que j'avais prise et donnée de votre partialité, quand j'avançai dans mon premier mémoire que vous aviez dit en sortant de la chambre : « Le comte de la Blache a gagné sa cause, et l'on a opiné du bonnet d'après mon avis? »

En parlant à Lejay, monsieur, « vous aviez arrangé les choses pour qu'il ne fût pas entendu comme accusé. » En rapportant mon procès, vous les avez arrangées pour que je fusse traité comme coupable.

Mais ce n'est jamais impunément qu'un magistrat s'écarte de son devoir. Il s'élève un cri public, et s'il est un moment où les juges prononcent sur chaque citoyen, dans tous les temps la masse des citoyens prononcent sur chaque juge. Le jugement des premiers est légal, celui des seconds n'est que moral; mais il est encore à décider lequel est d'un plus grand poids pour retenir chacun dans le devoir. Tout citoyen sans doute est soumis aux magistrats; mais quel magistrat peut se passer de l'estime des citoyens? Dans l'ordre civil, l'action des juges sur les particuliers et la réaction de ces derniers sur les juges, forment entre la nation et les magistrats un équilibre de respect et d'équité qui fait l'honneur des uns, la sûreté des autres, et le bonheur de tous.

Mais le souvenir de ce que j'ai souffert depuis ce fatal arrêt abat mes forces et trouble ma sérénité. Changeons d'objet; j'ai besoin des unes pour achever ces défenses, et l'autre m'est nécessaire pour soutenir tant de malheurs.

Suit après la discussion inutile des stations inutiles que j'ai faites à votre porte, madame; et les preuves tirées de la liste de votre portière. Ce long article de votre mémoire semble y avoir été mis exprès pour le tourment de qui voudra le discuter.

Mais comme il n'y a pas d'absurdité si forte qui ne trouve encore des partisans, j'ai vu de bons et honnêtes gens émus par votre air d'assurance, et qui, n'ayant rien compris à ce que vous avez écrit à ce sujet, n'en vont pas moins disant partout : « La liste de la portière est une preuve invincible; » d'autres qui, entraînés par l'autorité de ceux-ci, répètent, sans y mieux voir : « Je crois, en effet, qu'il » y a peu de chose à répondre à cette liste; »

et d'autres enfin qui, n'ayant pas même lu votre mémoire, à force d'entendre citer cette fameuse liste, ne laissent pas que d'aller aussi répétant, pour figurer : « Beaumarchais ne se tirera jamais de la liste de la portière. » Et c'est ainsi que se sont établies toutes les absurdités du monde, jetées en avant par l'audace, répandues par l'oisiveté, adoptées par la paresse, accréditées par la redite, fortifiées par l'enthousiasme, mais rendues au néant par le premier penseur qui se donne la peine de les examiner.

Voyons donc celle-ci. Qu'avez-vous entendu prouver par cette liste, madame ? Que je n'étais pas venu autant de fois chez vous que je le prétendais ? Et pourquoi voulez-vous prouver que j'y suis venu moins de fois que je ne le dis ? N'est-ce pas dans la vue d'établir qu'en faisant un sacrifice d'argent je voulais moins acheter des audiences que le suffrage inachetable d'un rapporteur ? Il faut assez d'adresse pour démêler un écheveau que vous avez si artistement embrouillé ; mais avec un peu de patience on parvient à le remettre en bon état au dévidoir. Enfin, n'est-ce pas là, madame, tout ce que vous avez voulu dire ?

Voyons maintenant ce que vous avez dit.

Présentant aux juges sa liste d'une main, et faisant la révérence de l'autre, madame Goëzman a dit : « Messieurs, le sieur de Beaumarchais ou plutôt le sieur Caron (car tout me choque en lui, jusqu'au nom qu'il porte), le sieur Caron, dis-je, vous en impose lorsqu'il prétend être venu neuf fois chez nous pendant les quatre jours pleins que mon époux a été son rapporteur.

« A la vérité, je ne puis savoir s'il y est venu ou non, *puisqu'il n'y est pas entré*, et que l'ignorance d'un fait ne suffit pas pour le com-

battre et l'annihiler; mais j'ai ma liste, et j'ai
l'honneur de vous observer, messieurs, que
ma liste doit en être crue sur son silence;
car, par une bizarrerie qui n'existe que chez
nous, *la portière a ordre de n'écrire le nom de
personne :* de sorte que si le laquais qui frappe
ne sait pas tracer le nom de son maître, ce
nom reste en blanc sur la liste; ce qui la rend
du plus grand poids, comme vous voyez, contre
ceux qui prétendent être venus à l'hôtel.

« Or, messieurs, d'après ce que je vous dis,
si au lieu de neuf visites que le sieur Caron
articule, ma liste n'en présentait aucune, si
*ce vilain Caron, ce monstre, ce serpent venimeux
qui ronge des limes,* pour parler comme son adversaire, le comte de la Blache; *ce misérable
qu'il faudrait marquer d'un fer chaud sur la joue,*
comme dit son bienfaiteur Marin; *cet abîme d'enfer que Jupiter a tort de ne pas foudroyer,* suivant
l'expression poétique du sieur d'Arnaud; ce
mauvais riche, *qui ne paye ni les luminaires, ni
les autres mémoires du sieur Bertrand,* d'après le
sieur Dairolles qui est la même personne; ce
reptile insolent, dont le nom seul déshonore
une liste comme celle de ma portière; si,
dis-je, *ce vilain Caron* n'y était pas écrit une
seule fois pendant ces quatre jours si intéressants pour lui, me refuseriez-vous la grâce
d'admettre le silence de ma liste de préférence
au témoignage du gardien sermenté d'une pareille espèce? »

Les commissaires du parlement reçoivent la
liste de sa main tremblante, et la feuillettent
exactement; mais n'y trouvant pas mon nom
écrit une seule fois pendant ces terribles quatre jours où il m'avait si fort importé de me
présenter chez mon rapporteur, ils m'ordon-
nent de répondre, et je dis :

Messieurs, le sieur Santerre, mon gardien,
interpellé par M. de Chazal, à sa confronta-

tion, de déclarer si j'avais été autant de fois
que je le disais et l'avais imprimé, chez
M. Goëzman, a répondu : « Monsieur dit vingt
fois, nous y avons peut-être été plus de trente ;
mais surtout pendant les quatre ou cinq jours
du délibéré, matin et soir, avant et après dîner, nous n'en bougions : de ma vie je n'ai
éprouvé autant d'ennui, et rien ne peut y
être comparé, si ce n'est l'impatience immo-
dérée de mon prisonnier. »

Mais comment une chose aussi nette peut-
elle exciter tant de débats? Uniquement parce
qu'on a mal posé la question sur laquelle on
dispute. Un premier point légèrement accordé
mène souvent assez loin les gens inattentifs.
Rétablissons les principes.

Dans quel cas, messieurs, cette liste pourrait-elle être justement opposée au témoignage d'un homme public, d'un homme sermenté, chargé par le gouvernement de me
suivre partout, et de rendre compte jour par
jour de toutes mes actions et paroles, lequel
me prenait tous les matins en prison et m'y
remettait tous les soirs, et qui se démantelait
la mâchoire à force de bâiller, du cruel métier que M. Goëzman et moi lui faisions faire?
Dans quel cas, dis-je, cette liste pourrait-elle
être justement opposée à son témoignage?
Dans celui seulement où, me trouvant écrit
de ma main sur la liste un certain nombre de
fois, je soutiendrais, et mon gardien certifie-
rait, que nous avons été moins de fois à la
porte, ou même que nous n'y avons pas été du
tout; car alors la liste offrant la preuve positive tant du fait que du nombre des visites, il
n'y a aucun témoignage humain qui pût détruire celui de la liste. Mais ici, par le plus
vicieux renversement d'idées, on appuie la
négation de neuf visites avérées, attestées par
la déposition d'un homme public et sermenté,

sur le seul silence d'une misérable liste, que mille choses devaient rendre suspecte, dont la première est l'ordre bizarre à la portière *de ne jamais écrire personne.*

Est-il étonnant qu'un laquais ne sache pas écrire, et que son maître, qui ne peut deviner qu'un portier *n'écrit personne,* reste avec sécurité dans sa voiture, au lieu d'en sortir pour s'inscrire mi-même? A mon égard, voici comment les choses se sont passées.

Las de descendre inutilement trente fois le jour de voiture pour écrire mon nom et ma supplique, je fis sur la fin du procès un billet circulaire, que mon laquais remettait à chaque porte des conseillers qui se trouvaient absents. Cette circonstance, attestée par mon gardien, et ajoutée à tous les caractères d'infidélité que peut présenter une liste, doit faire rejeter avec mépris la preuve tirée contre moi du silence de celle-ci; à moins qu'on ne suppose que, pendant ces quatre jours où je fis des sacrifices de toute espèce pour parvenir à être introduit chez cet invisible rapporteur, je ne me sois pas présenté à sa porte une seule fois. La patience échappe de voir un grave magistrat se défendre avec de tels moyens.

Et pourquoi tant d'absurdité, je vous prie? Pour amener un autre sophisme encore plus vicieux que le premier.

Pour établir que j'ai eu l'intention de gagner le suffrage du rapporteur en faisant le sacrifice auquel on m'a forcé, l'on ose opposer le silence de cette liste à la déposition de la dame Lépine, de la demoiselle de Beaumarchais, des sieurs Santerre, de la Chataignerie, de Miron, Bertrand, Lejay, qui tous ont attesté que jamais je n'ai sollicité que des audiences: on l'ose opposer au récolement même de madame Goëzman, qui pouvait seule contredire tant de témoignages, et qui, sans le vouloir, unit son attestation à celle de tout le monde. « Je déclare que jamais le sieur Lejay ne m'a présenté d'argent pour gagner le suffrage de mon mari, qu'on sait bien être incorruptible ; mais qu'il sollicitait seulement des audiences pour le sieur de Beaumarchais ; » attestation confirmée par un supplément imprimé de madame Goëzman, où elle s'énonce en ces termes : « J'ai dit, j'en conviens, que le sieur Lejay, en m'offrant des présents de la part du sieur Caron, avait masqué ses intentions criminelles par une *demande d'audience*; » et où elle ajoute encore, de peur qu'on ne l'oublie : « Ne voit-on pas que je ne fais que *rapporter les discours du sieur Lejay* ? »

Eh mais ! madame, si les discours de Lejay furent tels que vous le dites, comment donc espérez-vous, par le seul silence de votre liste, prouver qu'un argent reçu par vous *pour des audiences* des mains de Lejay, qui l'avait reçu *pour des audiences* de Bertrand, qui l'avait reçu *pour des audiences* de la dame Lépine, qui l'avait reçu *pour des audiences* du sieur de la Chateigneraie, qui me l'avait prêté *pour des audiences ;* que cet argent, dis-je, ait été destiné par moi *pour gagner le suffrage de monsieur votre mari, qu'on sait être incorruptible?*

Voilà pourtant, madame, comment vous raisonnez. Voilà comment du seul silence d'une liste qui n'est, comme tout autre silence, qu'une négation, une absence de bruit, d'écriture, de mouvement ou d'action, le néant, en un mot rien du tout, vous inférez une intention. laquelle n'est par sa nature qu'un autre être de raison, et cela pour m'inculper, moi qui ne vous ai rien dit, que vous n'avez pas même vu, qui n'ai eu de relation avec vous qu'à travers un monde de personnes, dont tous les témoignages ainsi que vos aveux s'unissent en ma faveur.

Il est donc bien démontré par les dépositions des témoins, par les interrogatoires des
accusés, par les mémoires de tout le monde,
par votre récolement, votre supplément, tous
vos raisonnements enfin, que je n'ai jamais
désiré ni demandé autre chose de vous que
des audiences ; il est bien démontré que la
conséquence tirée de la liste n'est qu'une pla-
titude mal inventée, plus mal soutenue, encore plus mal prouvée ; et surtout il est bien
démontré qu'on m'a fait perdre quatre ou six
pages à me battre à outrance et à ferrailler
contre un moulin à vent *d'intention, de corruption et de liste* qui ne m'a été opposé que pour
faire bâiller le lecteur, embrouiller l'affaire
et me rendre, en y répondant, aussi ennuyeux
que le mémoire où l'on m'a tendu ce piége
ridicule.

A la grave autorité de cette liste, madame,
vous joignez celle du billet que le comte de la
Blache vous a, dit-on, écrit alors, *et qui lui a
suffi pour être admis chez vous;* lequel billet
vous avez gardé précieusement. O bon Lejay;
réclamez vos droits, mon ami ; l'on vous pille
ici : cette naïveté est de votre force ! la liste du
portier, le billet du comte de la Blache en preuves ! Ce n'est pas que ce gentilhomme, des-
cendu des Alpes exprès pour devenir à Paris
un riche légataire, ne soit bien fait pour obtenir de M. Goëzman des préférences de toute
nature.

Mais permettez, madame, n'auriez-vous pas
un peu manqué de goût ici ? Pour que son
billet eût quelque force, il me semble qu'il
n'eût fallu imprimer ensuite la lettre à ma
louange qu'il vous a écrite *de Grenoble, dont
les expressions.* dites-vous, *évidemment dictées
par l'honneur révolté, sont de nouvelles preuves de
l'atrocité de mes imputations.*

Il me semble qu'il eût mieux valu présenter

quelque autre preuve de mes atrocités qu'une lettre du comte de la Blache, qui depuis dix ans fait profession ouverte de me haïr avec passion, où on lit : *Il manquait peut-être à sa réputation celle du calomniateur le plus atroce* (c'est de moi que l'auteur entend parler), *pour en faire un monstre achevé* (qu'ils sont deux nos adversaires! lettres, mémoires, tout est fondu dans le même creuset); *la vôtre est trop au-dessus de pareilles atteintes pour en être alarmée.* (Une réputation alarmée des atteintes qu'on lui porte! quelle phrase alsacienne!). *C'est le serpent qui ronge la lime.* (Il fallait dire, c'est la lime qui ronge le serpent; il y aurait eu deux ou trois images rassemblées, et surtout une allusion à l'état de mon père; et cela eût été superbe; on y songera une autre fois.) *La justice qu'on vous doit servira à purger la société d'une espèce aussi venimeuse.* Cette lettre, madame, est d'un bout à l'autre un échantillon de la manière dont le comte de la Blache plaidait sa cause dans tous les cabinets des juges, pendant que j'étais en prison; et je la crois plus propre à desservir le comte de la Blache qu'à vous servir vous-même. *C'est dans les lois que les Beaumarchais doivent trouver la punition de leur audace.* Oui, lorsque dans l'abus de ces mêmes lois les la Blache trouvent le moyen de dépouiller les héritiers directs d'un millionnaire à l'aide d'un testament, et son créancier à la faveur d'un arrêt : car, à la fin, tant d'indignités m'arrachent à la modération que je me suis imposée.

Et la lettre est écrite *de Grenoble*, où le comte de la Blache était allé voir son père! *Bone Deus!* et le comte de Tuffières aussi allait voir le sien.

Mais pourquoi cette lettre n'est-elle pas cotée au rang d'une foule de pièces justificatives, qui ne sont pas plus justificatives que cette lettre? Est-ce qu'elle ne serait pas timbrée de Grenoble? Je vous demande bien pardon, M. le comte de la Blache, M. le conseiller Goëzman, madame, et vous aussi MM. Marin gazetier, Bertrand d'Avignon, Baculard d'ambassade, et autres qui voulez tous avoir part à l'excellente œuvre de ma perte, si je regarde à si peu de chose ; mais vous êtes si adroits! si adroits! qu'il faut bien me passer un peu de vigilance. D'ailleurs, voyez combien de gens vous êtes après moi : gens d'épée, gens de robe, gens de lettres, gens d'Avignon, gens de nouvelles ; cela ne finit pas. Aussi mes ennemis n'auront-ils plus rien à y voir quand je serai sorti de cette coupelle où M. Goëzman m'a pris au creuset, où M. Marin fournit le charbon, et où Bertrand, Baculard et autres garçons affineurs soufflent le feu du fourneau.

Passons à l'examen de l'audience qui me fut, dit-on, accordée le samedi 3 avril au matin par M. Goëzman, et à celui des preuves sur lesquelles on l'établit.

Premièrement, je faisais ici ma déclaration publique et formelle, que je nie cette audience à mes risques, périls et fortune. Je déclare que je n'ai eu d'autre audience dans la maison de M. Goëzman, pendant les quatre jours du délibéré, que celle du samedi 3, à neuf heures du soir, en présence de Mᵉ Falconnet et du sieur Santerre, mon gardien.

Je déclare que c'est chez M. de la Calprenède, conseiller de grand'chambre, que je montrai à M. Goëzman, avant le délibéré, l'article de la *Gazette de la Haye* où je suis si maltraité : laquelle *Gazette* je ne laissai point à M. Goëzman, ni en aucun autre temps, comme il le dit; car je l'ai chez moi enliassée avec les autres pièces extrajudiciaires relatives au même procès, soulignée aux mots importants, et avec ces notes en marge écrites de ma main : *S'informer chez Marin où l'on peut avoir raison de ces infamies.* Et plus bas : *Voir M. de Sartines.* Et plus bas : *Écrire à madame de..... d'en parler à M. le duc de .* .. Je déclare que, depuis ce jour, je n'ai vu qu'une seule fois M. Goëzman, le samedi 3 avril, à neuf heures du soir, accompagné, comme je l'ai dit, de M⁰ Falconnet et du sieur Santerre.

On me dispensera bien, je crois, de discuter la première preuve de cette audience de samedi matin, que M. Goëzman tire de son propre témoignage.

On me dispensera sans doute encore d'user mes forces contre la preuve tirée d'une lettre du comte de la Blache, datée de Paris le 18 septembre, c'est-à-dire plus de cinq mois après le 3 avril, du même style que celle *de Grenoble*, où il raconte à M. Goëzman que M. Goëzman lui a dit, le 3 avril au matin, : *Votre adversaire sort d'ici;* quoiqu'il soit prouvé que l'adversaire du comte de la Blache n'en sortît pas ; et où il annonce que tout ce qui est écrit dans mon mémoire est *faux, méchant, atroce,* etc., quoique le comte de la Blache, absolument étranger à la querelle, ne puisse pas être plus instruit que le roi de Maroc ou le bacha d'Egypte si ce que j'ai dit est faux ou vrai, doux ou méchant, atroce ou modéré. Comme c'est sur des ouï-dires de M. Goëzman qu'écrit le très-reconnaissant comte de la Blache, cette preuve rentre et se fond dans la première; et jusqu'ici, comme on le voit, la vérité n'a pas encore fait un pas.

La troisième preuve de M. Goëzman se tire d'un mémoire de moi, non daté, que M. Goëzman *a,* dit-il, *heureusement conservé* sous le titre *d'argument en faveur de l'acte du* 1ᵉʳ *avril, et réfutation du système,* etc.; lequel manuscrit n'a nul rapport à la question présente, et ne peut servir à fixer l'époque d'aucune audience.

La quatrième est fondée sur un autre manuscrit de moi, sans date, et que M. Goëzman
a, dit-il, *encore heureusement conservé*, sous le
titre de *réponse à quelques objections*, etc. Et
moi aussi, je dis *heureusement ;* car ce manuscrit contient une note précieuse qui le fait
tourner en preuve contre l'audience du 3 avril
au matin.

Si j'ai bien lu, voilà tout, je crois.

Après avoir montré la futilité des preuves
que M. Goëzman rapporte de cette audience,
je pourrais m'en tenir à ma déclaration formelle, que l'audience est fausse et ne m'a pas
été donnée, parce que c'est à celui qui articule un fait à le bien prouver; celui qui nie
n'ayant qu'à se tenir les bras croisés jusqu'à
ce qu'on lui taille de la besogne, en lui four-
nissant des preuves à combattre. Cependant
comme mon usage en cette affaire est d'aller
au-devant de tout, après avoir prouvé négati-
vement que les preuves même de M. Goëzman
détruisent son édifice, je vais prouver positivement que cette audience n'a jamais existé.

Il est prouvé au procès, par les dépositions
des sieurs Lejay, Dairolles, de la dame de Lépine, etc....., que, ce même samedi 3 avril au
matin, Bertrand et Lejay furent chez madame
Goëzman porter les cent louis ; que Lejay reçut de cette dame à cette occasion la promesse formelle que j'aurais une audience de
son mari, *le soir même.*

Mémoire de Bertrand, page 12.

« J'envoyai chercher un fiacre ; nous y mon-
tâmes Lejay et moi ; il fit arrêter au coin du
quai Saint-Paul.... Je le vis entrer dans une
maison qu'il me dit être celle de madame
Goëzman.... Il me raconta dans la route la
manière dont il avait été reçu.... J'instruisis
la sœur du sieur de Beaumarchais de tout ce

que Lejay m'avait dit; je vis le soir même le sieur de Beaumarchais, qu'on avait instruit du message du sieur Lejay; *il se prépara à sa visite.* »

Dans mon mémoire à consulter, page 15.

« Le sieur Dairolles assura ma sœur que madame Goëzman, après avoir serré les cent louis dans son armoire, avait *enfin* promis l'audience *pour le soir même*, et voici l'instruction qu'il me donna quand il me vit : Présentez-vous *ce soir* à la porte de M. Goëzman; *on vous dira qu'il est sorti;* insistez beaucoup; demandez le laquais de madame, remettez-lui cette lettre, qui n'est qu'une sommation polie à la dame de vous procurer l'audience, suivant la convention faite entre elle et Lejay. »

Et la lettre était écrite de la main du sieur Dairolles, au nom de Lejay, comme cela est prouvé au procès.

Ajoutons à tout ceci la déposition du sieur Santerre, qui contient qu'après des refus de porte aussi constants qu'ennuyeux, en vertu d'une lettre dont j'étais porteur, et que je remis devant lui au laquais blondin de madame Goëzman, le samedi 3 avril, à neuf heures du soir, nous fûmes introduits cette seule fois chez M. Goëzman. Ajoutons celle de M⁰ Falconnet, avocat, qui contient absolument la même chose. Que dit à tout cela M. Goëzman, caché sous le manteau de madame?

« De quel front le sieur Caron ose-t-il faire imprimer que, jusqu'au samedi neuf heures du soir, la porte de son rapporteur lui avait été obstinément fermée? » Du front d'un homme qui n'avance rien qui ne soit bien prouvé au procès. — « Si à cette heure, qui était celle du souper, on ne l'eût pas reçu, lui qui était déjà entré le matin, comment aurait-il pu se plaindre? » — Comme un homme à qui l'on n'avait accordé aucune audience le

matin, et qui venait de payer celle-ci d'avance
la somme de cent louis. — « Cependant, comme
il a insisté sur le fondement qu'il n'avait
qu'un mémoire manuscrit à remettre. » —
Pardon, madame, il est prouvé au procès que
je suis entré avec une lettre écrite à madame
Goëzman, remise à son châtain-clair, et nullement pour remettre un mémoire dont il ne
fut pas seulement question. — « Mon mari eut
la bonté de le recevoir encore; la visite fut
courte sans doute. » Raison de plus, madame,
pour être outré de n'en avoir pu obtenir d'autres, surtout quand on les a payées si cher, et
qu'elles ont porté aussi peu de fruit. — « Il ne
demandait qu'à remettre un mémoire. » — Au
contraire, madame, il n'en existait alors aucun de moi.

Le premier manuscrit indiqué sous le n° 4,
dans vos pièces justificatives, ne fut fait que
d'après l'audience du samedi 3 au soir, pendant la nuit du samedi au dimanche, et vous
fut envoyé le dimanche matin avec le précis
imprimé de Me Bidaut, mon avocat, encore
mouillé de la presse; le tout accompagné
d'une lettre polie pour vous, comme je l'ai dit
à mon interrogatoire, et comme il est prouvé
au procès que le sieur Bertrand me l'avait conseillé de votre part.

Le second manuscrit sous le n° 5 de vos
pièces justificatives, n'a été composé que dans
la soirée du dimanche 4 avril, sur les observations que M. Goëzman avait faites le matin au
sieur de la Chataigneraie; ce qui détruira
l'imputation qui m'est faite, que je calomnie
les magistrats. Je n'ai jamais dit *qu'aucun
membre du parlement m'eût fait des confidences,*
mais j'ai dit, imprimé, consigné au greffe, que
M. Goëzman avait lu des lambeaux de son
rapport au sieur de la Chataigneraie, et lui
avait même permis de me communiquer ses

objections; ce que ce dernier fît en m'annonçant l'audience promise.

Il reste donc pour constant, par les dépositions des témoins, par les interrogatoires des
accusés, par les mémoires de tout le monde,
par la procédure, par les preuves même de
M. Goëzman, que la séance du samedi matin 3 avril n'est qu'une chimère, et c'est ici le
lieu de répondre au nouveau plan de défense
établi par M. Goëzman dans le supplément de
madame.

« Je n'ai été que trois jours rapporteur du
procès du sieur de Beaumarchais (vous l'avez
été près de cinq); j'étais donc fort pressé; je
ne pouvais donc user mon temps à donner des
audiences; et cependant, sans compter celui
que le comte de la Blache a pu me faire perdre, j'ai donné pour le seul Beaumarchais,
dans ces trois jours, quatre grandes audiences; le vendredi 2 avril, une à Mᵉ Falconnet
son avocat; le samedi matin 3, une au sieur
de Beaumarchais; le samedi au soir, une autre au même, et le dimanche 4, une au sieur
de la Chataigneraie, son ami : voilà donc
quatre audiences en trois jours. Il est donc
clair qu'en donnant de l'argent à ma femme,
ce n'était pas des audiences qu'il voulait, mais
seulement de me corrompre ou gagner mon
suffrage! »

De vous corrompre! *Prænobilis et consultis-
sime* Goëzman : on ne joindra pas désormais
à vos qualités l'adjectif *veracissimus;* vous venez de le perdre à jamais, et j'ai bien peur
qu'on n'y substitue même le superlatif contraire.

Que diront *tous les baillifs vos ancêtres?* Que
diront les princes dont vous n'avez pas été
l'envoyé? Que diront les *Pithou,* les *Mabillon,*
les *Baluze* et les *du Cange,* qui jusqu'à présent, s'il faut vous en croire, vous auraient

avoué pour le digne héritier de leurs talents
et de leurs vertus? Mais que dira surtout le
parlement de Paris, qui nous juge aujour-
d'hui, en lisant ce que je réponds aux quatre
audiences?

Loin d'avoir eu quatre audiences de M. Goëzman, tant par moi que par mes amis, je déclare hautement que Me Falconnet, avocat,
arrivé depuis quelques jours d'un voyage de
trois mois, donne le démenti le plus formel à
quiconque ose avancer que M. Goëzman lui a
donné, le vendredi 2 avril, aucune audience
chez lui pour moi, ou que cet avocat ait jamais mis le pied chez M. Goëzman en aucun
autre instant que le samedi 3 au soir, avec le
sieur Santerre et moi. Cela est-il clair?

Je déclare encore que M. de la Chataigneraie, loin d'avoir reçu, le dimanche 4 avril, aucune audience pour moi, n'a été chez M. Goëzman que pour essayer de m'en obtenir une,
que ce rapporteur lui promit pour le lundi
matin 5 avril, et qui n'a pas été donnée, quoique M. de la Chataigneraie, sur la foi de cette
promesse, ait vainement essayé de me servir
d'introducteur. Je déclare que M. de la Chataigneraie, loin de chercher à résoudre les objections de M. Goëzman, tira au contraire de
son silence l'occasion de solliciter ce rapporteur pour qu'il voulût bien me les faire à moi-
même.

Je déclare en outre que je consens et me
soumets à toutes les peines méritées pour celui des deux qui en impose au parlement
et au public, M. Goëzman ou moi, si l'homme
sermenté qui m'accompagnait, si le sieur
Santerre n'atteste pas encore à la cour que
je ne suis entré le samedi 3 avril qu'une seule
fois, à neuf heures du soir, chez M. Goëzman, accompagné de Me Falconnet et de lui.

Ainsi, loin d'avoir obtenu de ce très-peu

véridique rapporteur les quatre audiences
qu'il articule, je déclare que je n'en ai reçu
qu'une, et que cette une encore, je ne l'aurais
pas obtenue si je ne l'eusse pas payée d'a-
vance cent louis d'or.

Je déclare que je n'ai jamais chargé personne de faire aucun pacte avec madame
Goëzman au sujet de cet or, et que, quand
on vint me dire, le dimanche au soir 4, que
madame Goëzman, en promettant une seconde audience, avait dit : « et si je ne puis
la lui faire avoir, je rendrai tout ce que j'ai
reçu ; » je m'écriai devant tous mes amis, en
me frappant le front : « C'en est fait, j'ai
perdu mon procès ! Cette offre inopinée de
tout rendre en est le funeste présage. »

Voilà mes réponses, mes discussions, mes
déclarations : et je signe exprès mon mémoire en cet endroit, parce que j'entends
que tout le contenu de cet article tourne à
ma honte, attire sur ma tête la juste punition, l'anathème et la proscription qui m'est
due, si l'information que la cour ne me refu-
sera pas à ce sujet y apporte le plus léger
changement ; et j'en dépose un exemplaire au
greffe, avec ces mots de ma main.

CARON DE BEAUMARCHAIS.

Ne varietur.

Regagnons à présent le temps perdu, madame.

Parcourant rapidement les objets auxquels
vous avez vous-même donné moins d'importance (p. 22 de votre mémoire), je vois un
coup de crayon à la marge. Il s'agit de M. de
Junquières que vous faites s'écrier à l'occasion des propos qu'on tenait sur votre compte :
C'est une infamie de Beaumarchais. Pour ce Jun-
quières-là, comme son métier est de défendre

les autres, et qu'il a bec et ongles, entre vous
le débat, messieurs : mais je vous avertis
qu'il donne le plus formel et public démenti
à votre phrase ; et qu'il prend à témoin de la
fausseté de votre citation M. le procureur
général, devant lequel il parlait alors. A mon
égard, il est certain que je confiai dans le
temps à M. de Junquières tout ce qui s'é-
tait passé entre madame Goëzman et Lejay : je n'ai point trouvé mauvais qu'il vous
l'eût rendu ; je le lui ai dit depuis ; voilà le
fait dont la discussion ne vaut pas une ligne
de plus.

En revanche, en voici un qui mérite attention. Votre objet ici, madame, est d'essayer
de disculper M. Goëzman d'avoir été l'instiga-
teur, le compositeur et l'écrivain de la minute
de la première déclaration attribuée à Lejay ;
c'est vous qui parlez (p. 23). « Lejay monta
dans le cabinet de M. Goëzman, se mit à son
bureau ; » (fort bien jusque là :) « et comme
il est fort peu lettré, quoique libraire, il pria
mon mari *de lui arranger dans la forme d'une
déclaration* les faits dont il venait de lui rendre
compte : » (Lejay a protesté dans ses interrogatoires qu'on ne lui avait fait qu'une seule
question, et qu'il n'avait répondu qu'un mot :)
« en conséquence *il fut fait* un brouillon : »
(n'oublions pas *il fut fait :*) « il fut fait un
brouillon que mon mari *corrigea* en plusieurs
endroits : » (à moins de convenir de tout, on
ne peut mieux parler :) « et il quitta ensuite
le sieur Lejay, » (il fallait le quitter avant ;)
« qui écrivit et signa en ma présence la déclaration suivante, etc. »

Ainsi vous convenez, madame, que « votre
mari arrangea les faits en forme de déclaration ; » vous convenez que « votre mari corrigea le brouillon en plusieurs endroits ; » vous
convenez que Lejay « écrivit ensuite du départ

de votre mari; » ce qui indique assez qu'il n'avait pas écrit avant son départ. En tout cela il n'y a que ces mots, *il fut fait* d'équivoques; tout le reste marche assez bien. *Il fut fait!* charmante tournure, pour laisser le monde incertain si ce brouillon *fut fait* par M. Goëzman ou par Lejay! mais de cela seul, madame, que vous ne dites pas à pleine bouche : Lejay se mit au bureau de mon mari, où il écrivit librement et de son chef la déclaration, on en peut conclure hardiment que ce fut M. Goëzman qui fit la minute. Vous n'êtes pas gens à ménager l'adversaire quand vous croyez avoir de l'avantage sur lui. Mais comme une négation formelle vous eût trop exposés l'un et l'autre, aujourd'hui que j'ai prouvé par mon supplément que M. Goëzman a fait la minute, vous employez la bonne, fine, double phrase *il fut fait*, la seule qui pût être utile à deux fins; propre à vous servir si on la prend bien, et à ne vous pas nuire si on la prend mal.

Si la liberté de ma critique rend mes éloges de quelque prix à mes yeux, madame, recevez mes félicitations sur cette tournure; salut aux maîtres! en honneur, on ne fait pas mieux que cela.

Vous transcrivez ensuite la déclaration : après quoi vous ajoutez (p. 24) : « Quiconque aura sous les yeux » (c'est toujours vous qui parlez) « l'original de cette déclaration, reconnaîtra bientôt, à la manière dont elle est orthographiée, que le sieur Lejay n'a fait que se copier lui-même : » pourquoi ne pas convenir tout uniment, comme il l'a déclaré à ses interrogatoires, que vous dictiez sur la minute de votre mari pendant qu'il écrivait? Cela explique bien mieux ses fautes d'orthographe. « Et il m'a priée de corriger moi-même quelques mots qu'il avait mal formés, et d'en ajouter un ou deux qu'il avait omis. » Excellente réponse à tous les faux reprochés à M. Goëzman dans mon supplément; grâce à son adresse, c'est madame aujourd'hui qui se charge de l'iniquité.

Nous voilà tous deux dans le puits, dit le renard à son compagnon : tends tes jarrets, dresse tes cornes, allonge ton corps, je grimperai par-dessus toi, et sorti de la citerne, je t'en tirerai à mon tour. L'animal, peu rusé, fait ce qu'on lui dit; et le renard, hors de danger, le paye par une phrase à peu près semblable à celle de M. Goëzman dans sa note imprimée, distribuée à ses confrères par M. le président de Nicolaï : « Si malgré la raison que j'ai de croire ma femme innocente, j'avais été moi-même induit en erreur, je demanderais que la justice prononçât, et l'on verrait que l'honneur sera toujours le lien le plus fort qui m'attache à la société, et le seul guide de ma conduite, »

Pauvre madame Goëzman ! vous prenez sur votre compte un faux justement reproché à votre mari, et, pour récompense, « cet époux qui a toujours mérité votre respect autant que votre amour, » détachant ses intérêts des vôtres, offre de composer à vos dépens : peu lui importe que vous restiez dans la citerne, pourvu qu'il n'y demeure pas avec vous. Pauvre! pauvre madame Goëzman!

Pour revenir à cette déclaration, on voit, par leur propre mémoire, que M. Goëzman *a corrigé la minute*, et que madame *a corrigé la copie*. Quels correcteurs! Ce devait être un bon spectacle que madame Goëzman érigée en *magister* de Lejay, corrigeant sa leçon d'écriture! la plume échappe, et tombe de dégoût d'être obligé de répondre à de pareilles défenses (1).

(1) Pendant qu'on imprime, j'apprends que le com-

Suit après la seconde déclaration de Lejay :
« Je déclare en outre que jamais ni le sieur de
Beaumarchais ni le sieur Bertrand, etc. »

Et moi Beaumarchais, je déclare qu'il y a
sur l'original de cette deuxième déclaration
attribuée à Lejay : « Je déclare que jamais
Bertrand ni Beaumarchais, *ou* Beaumarchais
ni Bertrand, comme on voudra ; mais sans
aucun mot de *sieurs*; car cela m'a singulière-
ment frappé, en lisant au greffe cette déclaration. »

Je déclare encore qu'il y a à la fin *siné Lejay*,
et non signé Lejay ; ce que je fis alors remarquer au rapporteur et au greffier, qui ne pu-
rent s'empêcher de rire de ma plaisante décou-
verte.

Suit après la lettre du sieur d'Arnaud.

A vous, monsieur Baculard.

Ce serait bien ici le cas de me venger de
toutes les injures dont l'exorde de votre mémoire est rempli ; mais comme elles ne s'adres-
sent pas directement à moi, et qu'à la rigueur je puis douter si vous me regardez de
travers, ou si vous louchez seulement en dé-
filant votre tirade, je veux bien ne pas me
l'appliquer, et vous traiter doucement en conséquence ; car vous savez qu'il ne tiendrait
qu'à moi de vous montrer tel que vous fûtes
dans votre confrontation, c'est-à-dire tout à

mis de Lejay vient d'être confronté à madame Goëzman, et qu'entre plusieurs écritures qu'on lui a pré-
sentées il a très-bien reconnu celle dont fut tracée la
minute de la première déclaration qu'il a copiée. Mais
au grand étonnement de tout le monde et au mien
(car j'avoue que je ne m'y attendais presque pas),
cette écriture s'est trouvée être celle de *prænobilis
et consultissimus Ludovicus Valentinus* GOËZMAN. Et
voilà comment tout ce que je débats devient inutile
à mesure qu'on suit l'instruction.

côté de madame Goëzman, si votre embarras,
et le peu d'habitude à vous déguiser, ne vous
mit pas même au-dessous; mais je suis doux,
moi, et je veux bien convenir que vous n'avez
jamais senti la conséquence d'avoir accordé à
Lejay une lettre mendiée qui m'inculpait aussi
gravement sur un fait que vous ignoriez, et
qui se trouve faux aujourd'hui; je veux bien
convenir encore que vous n'avez pas senti la
conséquence d'avoir recommencé la lettre,
*parce que Lejay ne trouvait pas cet écrit assez
fort :* comme si un fait, quand vous en eussiez
été témoin, pouvait avoir deux faces sous la
plume de celui qui vous le rend; ou comme si
votre complaisance pour Lejay, qui agissait de
son côté par complaisance pour madame Goëzman, laquelle voulait complaire en ce point à
son mari, pouvait vous excuser sur une démarche aussi inconsidérée. Mais *j'ai cru*, dites-vous, *que Lejay méritait toute ma confiance,
et j'ai cédé à cette conviction.* Ainsi, d'erreur en
erreur, de complaisance en complaisance,
vous avez causé, sans le savoir, l'emprison-
nement de Lejay, et mon décret d'ajournement personnel : et voilà comment *le trans-
port qui saisit* un pauvre homme de bien *sur
l'avantage de faire une bonne action,* le conduit
souvent à en faire une très-blâmable.

Il faut ajouter ici que vous aviez alors un
procès criminel important à la Tournelle, où
vous espériez quelques bons offices de la reconnaissance de M. Goëzman; ce qui n'a pas
laissé que de rendre votre distraction un peu
plus profonde.

Mais le plus curieux, que je n'entends pas
encore, c'est qu'après être convenu à votre
confrontation de tous vos torts, on ait pu depuis vous déterminer à donner un mémoire...
où, sans vous en douter, vous complétez la
conviction que vous ne sentez jamais la force

de ce que vous dites ni de ce que vous faites. J'ai donc eu raison quand j'ai dit de vous dans mon supplément : *N'est-ce pas par faiblesse que ce pauvre Arnaud Baculard, qui ne dit jamais ce qu'il veut dire, et ne fait jamais ce qu'il veut faire*, etc.

Je n'en veux qu'un exemple : *Oui, j'étais à pied! et je rencontrai dans la rue de Condé le sieur Caron, en carrosse. Dans son carrosse!* (répétez-vous avec un gros point d'admiration.) Qui ne croirait, d'après ce triste *oui, j'étais à pied*, et ce gros point d'admiration qui court après mon carrosse, que vous êtes l'envie même personnifiée? Mais moi, qui vous connais pour un bon humain, je sais bien que cette phrase, *dans son carrosse!* ne signifie pas que vous fussiez fâché de me voir *dans mon carrosse;* mais seulement de ce que je ne vous voyais pas dans le vôtre; et c'est, comme j'avais l'honneur de vous l'observer, parce que vous ne dites jamais ce que vous voulez dire, qu'on se trompe toujours à votre intention.

Mais consolez-vous, monsieur; ce carrosse dans lequel je courais n'était déjà plus à moi quand vous me vîtes dedans; le comte de la Blache l'avait fait saisir, ainsi que tous mes biens : des hommes appelés *à hautes armes*, habit bleu, bandoulières et fusils menaçants, le gardaient à vue chez moi, ainsi que tous mes meubles en buvant mon vin : et pour vous causer, malgré moi, le chagrin de me montrer à vous *dans mon carrosse*, il avait fallu, ce jour-là même, que j'eusse celui de demander, le chapeau dans une main, le gros écu dans l'autre permission de m'en servir, à ces compagnons huissiers; ce que je faisais, ne vous déplaise, tous les matins. Et pendant que je vous parle avec tant de tranquillité, la même détresse subsiste encore dans ma maison.

Qu'on est injuste! on jalouse et l'on hait tel
homme qu'on croit heureux, qui donnerait
souvent du retour pour être à la place du pié-
ton qui le déteste à cause de son carrosse.
Moi, par exemple, y a-t-il rien de si propice
que ma situation actuelle pour me désoler?
Mais je suis un peu comme la cousine d'Héloïse; j'ai beau pleurer, il faut toujours que le
rire s'échappe par quelque coin. Voilà ce qui
me rend doux à votre égard. Ma philosophie
est d'être, si je puis, content de moi, et de
laisser aller le reste comme il plaît à Dieu.

D'ailleurs, monsieur, votre mémoire m'o-
blige en un point dont vous ne vous doutez
guère : c'est qu'après avoir cité l'endroit du
mien où je raconte ce que je vous dis : « Vous
êtes l'ami du sieur Lejay; je vous invite,
monsieur, par l'intérêt que vous prenez à lui,
de le voir et de l'engager à dire la vérité :
c'est le seul parti qui lui reste, dans l'embarras où il s'est plongé lui-même; les magistrats
ne font point de procès à la faiblesse; c'est la
mauvaise foi seule qu'on poursuit. » Vous
ajoutez : « Le sieur Caron me tint à peu près
les mêmes discours qu'il rapporte ici. » Ce qui
me suffit pour renverser je ne sais quel écha-
faudage de subornation de Lejay, que la maison Goëzman a voulu élever contre moi, dans
le mémoire de madame pour monsieur; écha-
faudage qui prouve seulement que cette maxime est de leur connaissance : qu'en un cas
embarrassant il vaut mieux dire des riens que
de ne rien dire.

Pardon, monsieur, si je n'ai pas répondu
dans un écrit, exprès pour vous seul, à toutes
les injures de votre mémoire; pardon, si,
voyant que vous m'y faites *marcher à l'érup-
tion de ma mine;* si vous voyant *mesurer dans
mon cœur les sombres profondeurs de l'enfer,* et
vous écrier : *Tu dors, Jupiter! à quoi te sert donc*

la foudre? j'ai répondu légèrement à tant de
bouffissures. Pardon; vous fûtes écolier, sans
doute, et vous savez qu'au ballon le mieux
soufflé il ne faut qu'un coup d'épingle.

Vient ensuite la dénonciation de M. Goëzman, que j'ai analysée dans mon supplément.

Deux remarques à y faire. La première, c'est
que M. Goëzman rejette sur la chambre des
enquêtes la nécessité où il s'est trouvé de me
dénoncer. Sophiste dangereux qui déguisez
tout, la chambre des enquêtes exigeait-elle
de vous la justification d'un magistrat soupçonné, ou la dénonciation d'un innocent opprimé? La seconde, c'est que les ménagements
que l'auteur garde envers le sieur Lejay, dont
il parle en termes si doux, si paternels: « Cette
personne interposée, pénétrée de douleur d'avoir commis une faute dont elle ne sentait
pas la conséquence; moins armée peut-être
contre la séduction, etc... » Ces ménagements,
dis-je, rentrent tout à fait dans les choses
amicales que M. Goëzman, allant au Palais,
disait dans le même temps au sieur Lejay, et
que ce dernier rapporte dans ses interrogatoires: « Mon cher monsieur Lejay, soyez
sans inquiétude : j'ai arrangé les choses de
façon que vous ne serez entendu que comme
témoin au procès, et non comme accusé. »
En rapprochant ainsi diverses actions d'un
homme, on parvient à pénétrer dans les replis de son cœur, comme les géomètres, à
l'aide de quelques points correspondants, mesurent des hauteurs ou sondent des profondeurs inaccessibles.

Une autre phrase assez curieuse à rapprocher de ces deux-ci est celle du mémoire de
madame Goëzman, page 30, où M. Goëzman
la fait parler ainsi: « Lejay fut assigné lui-
même pour déposer; chose qui a paru étonnante à bien *des personnes instruites...* Pouvait-il

être autre chose qu'accusé? etc... » Voyez la ruse! M. et madame Goëzman, dans le cours de ce mémoire, parlent toujours comme s'ils n'avaient pas lu mon supplément (qui était dans leurs mains depuis dix jours quand ils ont imprimé); et de temps en temps, ils glissent des phrases adroites, des demi-réponses, à ce que j'y ai dit; comme si de leur chef ils avaient prévenu toutes mes objections avant de les connaître; réellement il y a du plaisir à voir cela.

A l'égard du reproche que M. Goëzman fait à la cour de la conduite qu'elle a tenue envers Lejay, *et qui*, dit-il, *a paru étonnante à bien des personnes instruites :* la cour est bonne et sage pour juger quel cas elle doit faire de la mercuriale de M. Goëzman. Mais la vérité est que cette phrase n'est jetée en avant que pour éluder indirectement, par une réflexion sévère, le reproche d'avoir dit à Lejay : « Mon cher ami, j'ai arrangé les choses de façon que vous ne serez entendu que comme témoin. » Dans un autre mémoire, il dira : « Comment aurais-je tenu de pareils propos à Lejay, moi qu'on a vu blâmer publiquement la conduite modérée de la cour à son égard! » Et les gens inattentifs, qui ne se rappelleront pas que la réflexion n'est venue que depuis le reproche, diront : « Voyez la méchanceté de ce Beaumarchais! »

Je passe les neuf ou dix pages qui suivent, parce qu'elles ne contiennent qu'un remplissage rebutant sur ma prétendue subornation de Lejay, que j'ai vu, pour la première fois, le 8 septembre, c'est-à-dire près de quatre mois après tous ces misérables détails de subornation. J'en saute encore deux ou trois autres, parce que le respect que tout Français a pour le grand Sully ferme la bouche, d'indignation de voir à quelle comparaison lui et

madame de Rosny sont ravalés dans ce mémoire. Madame de Rosny rendit à Robin ses
8,000 écus; et vous, madame, non seulement
vous gardez les quinze louis, mais vous
avez l'intrépidité d'accuser Lejay de ne vous
les avoir pas remis, quoique ce fait soit
prouvé au procès jusqu'à l'évidence. Aussi,
madame, on a beau vous comparer tantôt
à la femme de César, tantôt à la femme de
Sully, avec de pareils procédés, vous ne serez jamais que la femme de M. Goëzman.

Page 41. « Le sieur Caron se plaint... que la
première audience que le sieur Lejay lui avait
promise lui a été accordée à une heure qui la
rendait inutile. » Pas un mot de cela. J'ai dit :
« L'agent n'écrit qu'un mot; j'en suis le porteur; la dame le reçoit, et le juge paraît.
Cette audience si longtemps courue, si vainement sollicitée, on la donne à neuf heures,
à l'instant incommode où l'on va se mettre à
table. »

Incommode pour vous ne veut pas dire inutile pour moi : l'incommodité de l'heure n'est
citée là que pour prouver qu'il avait fallu des
motifs *d'un grand poids* pour vous faire ouvrir
cette porte à l'heure *incommode* du souper.

« Mais, dites-vous, puisque la table était servie, l'on n'attendait donc pas à cette heure-là
le sieur Caron? » Et la lettre, madame? la
lettre remise au châtain-clair! vous oubliez
cette lettre magique, à laquelle la meilleure
serrure ne résiste point. Les plus grands efforts n'avaient pu jusqu'alors en ébranler le
pêne ; la plus simple cédule, au nom de Lejay,
fait rouler la porte à l'instant sur ses gonds :
cela n'est-t-il pas admirable!

Vous faites ensuite un mortel calcul des
messages des sieurs Bertrand et Lejay chez
vous, samedi et dimanche. Voici ma réponse,

je la crois péremptoire : c'est qu'il m'a été
compté en ces deux jours pour douze francs
de fiacres par le sieur Bertrand; et que le
sieur Lejay en réclame encore autant aujour-
d'hui pour les mêmes courses.

Passons à des objets plus sérieux.

A vous, monsieur Morin.

Ce n'était donc pas assez pour vous, monsieur, de vouloir accommoder l'affaire de
M. Goëzman; il vous manquait encore de la
plaider. A quoi se réduit votre mémoire? à
dire que vous n'étiez pas l'ami de M. Goëzman, et que vous étiez le mien : voilà bien
les assertions ; reste à débattre les preuves.

Vous n'étiez pas son ami! Si vous ne l'étiez
pas, pourquoi donc, lorsque je vous visitai le
2 avril, avec mon gardien le sieur Santerre,
me dîtes-vous que M. Goëzman vous devait
sa fortune (car vous êtes un grand bienfaiteur); que c'était vous seul qui l'aviez fait
connaître à M. le chevalier d'A..., lequel l'a-
vait présenté à M. le duc d'A..., ce qui l'avait
mené à s'asseoir enfin au grand banc du Palais? Pourquoi me dîtes-vous que sa femme
venait vous voir assez souvent le matin, que
vous lui aviez donné un libraire et des dé-
bouchés pour la vente de je ne sais quelles
brochures de son mari?

Si vous n'étiez pas son ami, pourquoi donc,
quand je vous ai appris qu'il était mon rapporteur, et que j'avais été en vain trois fois
chez lui la veille, me répondîtes-vous : *Oui,
il est comme cela?* Quand je vous dis qu'on en
parlait très-diversement, et que je vous demandais quel homme c'était, pourquoi me
prîtes-vous par la main, en faisant des excu-
ses à mon gardien, et m'emmenâtes-vous
dans un cabinet intérieur, où vous m'appri-

tes tout ce qu'il y avait à m'apprendre sur
l'objet de ma consulte?

Si vous n'étiez pas son ami, pourquoi, lorsque je vous fis sentir combien il était important pour moi d'obtenir une ou deux audiences de lui, me dîtes-vous : « J'arrangerai ça,
je verrai ça; laissez-moi faire, je vous ouvrirai
toutes ces portes-là? etc., etc., etc. »

Dans la même journée, lorsqu'on m'eut procuré l'intervention de Lejay, et qu'un homme
de bon sens m'eut dit : Je vous conseille de
vous en tenir au libraire, qui sera sûrement
moins cher que Marin, car on dit que ce Lejay
est un bon homme qui ne prend rien; je vous
écrivis pour vous prier de suspendre vos bons
offices; un ami se chargea de vous porter la
lettre, et s'y prêta d'autant plus volontiers
qu'il n'en ignorait pas le contenu. Il ne vous
trouva pas; il la remit à votre valet de chambre portier : on peut assigner mon ami sur ce
fait, indépendamment des gens qui me virent
écrire la lettre. Or, si vous n'étiez pas l'ami
de M. Goëzman, pourquoi donc fîtes-vous une
seconde démarche auprès de lui, postérieure à
la réception de ma lettre, à moins que, voulant absolument faire une affaire de mon procès, vous ne vous soyez retourné, je ne sais
comment, dans cette seconde visite? car toutes les affaires ont deux faces, comme tous
les agioteurs ont deux mains.

Si vous n'étiez pas l'ami de M. Goëzman,
pourquoi, suivant votre propre mémoire, votre
entrevue des Tuileries commença-t-elle *avec
une espèce d'aigreur* de sa part, et finit-elle par
le conseil que vous lui donnâtes de faire faire
une déclaration par Lejay? Pourquoi vint-il
vous remercier le surlendemain, *chez vous*, de
ce que vous appelez vous-même *le succès de
votre conseil ; et vous montra-t-il la déclaration de
Lejay?*

Si vous n'étiez pas son ami, pourquoi me fîtes-vous sur-le-champ l'invitation la plus pressante de me rendre chez vous, par une lettre datée du 2 juin, que je déposerai au greffe? et pourquoi, lorsque je vous vis sur cette invitation, *voulûtes-vous m'engager à lui écrire?* (page 3 de votre mémoire) ce que je refusai avec dédain.

S'il n'était pas votre ami, pourquoi, vous rencontrant au Palais-Royal (car il vous rencontrait partout), après avoir dit (page 3) : « Il évitait de me voir; je l'abordai, il me fit un accueil très-froid, » la séance finit-elle par mettre les deux indifférents dans le même carrosse, où le glacé M. Goëzman vous lut sa dénonciation au parlement, en vous accompagnant jusqu'à la porte de ma sœur?

S'il n'était pas votre ami, pourquoi voulûtes-vous me tromper, chez ma sœur, devant six personnes, à l'instant où vous veniez de lire l'outrageuse dénonciation? Pourquoi voulûtes-vous me faire croire qu'elle était en ma faveur, *et non dirigée contre moi*, pour nous tendre à tous un piège affreux et nous empêcher de parler *de ces misérables quinze louis*, sans lesquels pourtant tout le poids de votre iniquité retombait sur ma tête?

Si vous n'étiez pas son ami, pourquoi cherchâtes-vous avec lui le sieur Bertrand pour l'engager à faire une déposition courte et qui ne compromît personne, espérant user en cela de l'influence naturelle de MM. Turcarets sur leurs MM. Raffles? Pourquoi le lendemain, outré de n'avoir pu le trouver et l'empêcher de faire une déposition étendue, voulûtes-vous lui en faire faire une autre (car il n'y a rien de difficile pour vous)? Pourquoi allâtes-vous dîner ce jour-là chez M. le premier président, avec M. et madame Goëzman, et arrangeâtes-vous avec ce dernier, qui n'é-

tait *pas votre ami*, que Bertrand irait chez lui
le soir même? Pourquoi, l'instant d'après, ne
quittâtes-vous pas ce Bertrand sans en avoir
obtenu sa parole expresse de la visite que
vous veniez d'arranger? Pourquoi m'arrêtâtes-
vous le jour même sur le Pont-Neuf, et me
pressâtes-vous de nous réunir pour envoyer
Bertrand *chez M. Goëzman?* Et vous ne pouvez
plus contester tous ces faits qui sont avoués
dans vos mémoires, ou prouvés au procès par
des témoins que vous essayez en vain de rendre suspects. Et comme il n'y a qu'un pas de
la série des intrigues à celle des noirceurs, si
vous n'étiez pas l'ami de ce magistrat, pourquoi donc avez-vous constamment échauffé la
tête de ce pauvre Bertrand, et n'avez-vous
pas eu de repos que vous ne l'ayez amené par
une dégradation d'honnêteté, sensible à tout
le monde, et dont vos entrevues étaient le
thermomètre, à nier enfin que vous lui eussiez
conseillé de changer sa déposition?

Si vous n'étiez pas l'ami de M. Goëzman,
pourquoi, sentant que les dépositions de deux
étrangers étaient de la plus grande force contre vous, avez-vous dénigré bassement l'un
des deux, le docteur Gardane, et voulu jeter
du louche sur l'honnêteté de l'autre, le sieur
Deschamps de Toulouse? Comme si les faits
dont ils ont déposé n'étaient pas connus d'autres personnes, et comme si ce Bertrand, dans
un temps où il n'avait pas encore reçu l'ordre
exprès de mentir, sous peine de ne plus tri-
poter vos fonds, n'avait pas été le lendemain
dire à trois ou quatre personnes : « Ils veulent
me faire changer ma déposition; ils me tour-
mentent à ce sujet; mais j'ai été ce matin au
greffe, protester que, loin de changer ou di-
minuer, je suis prêt à y ajouter de nouveau
si l'on veut m'entendre? » Comme si ces gens
étaient muets ou morts, et comme si le mi-

nistère public n'avait pas des moyens sûrs de les forcer de parler?

Si vous n'étiez pas l'ami de ce magistrat, pourquoi toutes ces assemblées secrètes? toutes ces entrevues chez des commissaires? Pourquoi M. Goezman distribue-t-il les mémoires de Marin, Bertrand, Baculard, pendant que Bertrand, Baculard, et Marin colportent les siens? Pourquoi ces lettres pitoyables de vous et de vos commis au sieur Bertrand? Pourquoi des Juifs qui vont et viennent de chez vous chez lui, de chez lui chez vous? Pourquoi la réponse que vous avez exigée du sieur Bertrand, qui, toujours contraire à lui-même, ne l'a pas eu plus tôt envoyée, et su que vous entendiez vous en servir, qu'il a été conter partout qu'il sortait de chez vous, et vous avait dit : « Si vous êtes assez osé pour imprimer la lettre que j'ai eu la complaisance de vous donner, je vous brûlerai la cervelle, et à moi ensuite; » ce qui sera constaté au procès par l'addition d'information?

Si vous n'étiez pas l'ami de M. Goëzman, pourquoi l'excellente plaisanterie du nom *de Beaumarchais* que j'ai pris, dites-vous, d'une de mes femmes, et rendu à une de mes sœurs, se trouve-t-elle dans le mémoire de madame Goëzman, lorsqu'elle était d'abord en tête du vôtre? Vous voyez que je dis tout, monsieur Marin, et qu'il n'y a ni réticence, ni points, ni phrases en l'air, ni ridicules ménagements, ni plate économie dans mon style; je suis comme Boileau,

> Je ne puis rien nommer, si ce n'est par son nom;
> J'appelle un chat un chat...

et Marin *un fripier* de mémoires, de littérature, de censure, de nouvelles, d'affaires, de colportage, d'espionnage, d'usure, d'intrigue, etc., etc., etc. Quatre pages d'*et cœtera*.

A vous à parler, mon bienfaiteur, le bienfaiteur de tout le monde, et que tout le monde accuse de n'avoir jamais bien fait sur rien. Je viens de montrer comment vous m'avez servi; comment je l'ai reconnu, comment vous l'avez prouvé, comment je vous ai répondu : amenez vos témoins, fournissez vos preuves, creusez votre mine, arrangez votre artillerie. Je dis tout haut que je ne suis ni assez riche ni assez pauvre pour vous avoir jamais emprunté de l'argent; cela est-il clair? m'entendez-vous? répondez à cela.

Je vous félicite! d'être *honoré de votre propre estime*, c'est une jouissance qui ne sera troublée par aucune rivalité. Mais vous allez trop loin en invoquant le suffrage des honnêtes gens, et même ceux de la police.

Oseriez-vous compter sur le témoignage des inspecteurs ou officiers de police qui vous ont éclairé dans vos voies ténébreuses?

Oseriez-vous compter sur celui des chefs qui ont été chargés de vérifier les informations faites contre vous?

Oseriez-vous compter sur celui de Mᵉ C..... de C....., à qui ont été renvoyés les examens de diverses plaintes sur des capitaux renforcés par les intérêts?

Oseriez-vous compter sur celui de M. St-P., qui, depuis cinq ans, gémit du malheur de vous avoir confié ses pouvoirs pour un arbitrage, et qui ne cesse de demander vengeance au ministère contre vous? et l'affaire Roussel? et l'affaire Paco? et l'affaire, etc., etc., etc., etc. Encore quatre pages d'*et cœtera*.

Et vous mettez des points dans votre style! pour vous donner l'air de me ménager! Allons, mon bienfaiteur, que ma franchise vous encourage; dites, dites; voilà de beaux mystères! *A présent on dit tout.* Encore un ennemi, encore quelques mémoires, et je suis blanc comme la neige, Je vous invite à ne me ménager sur rien. A votre tour osez me porter le même défi.

Maintenant que nous sommes entre quatre yeux, eh bien! vous avez donc vos petits témoins tout prêts, pour m'accuser d'avoir dit que le comte de la Blache avait donné cinq cents louis à M. Goëzman? eh mais! vos pieuses intentions à ce sujet sont déjà consignées au greffe par mon récolement. Je savais votre dessein; ce pauvre Bertrand m'en avait menacé un jour devant dix personnes qui certifieront le fait. Un abbé, des amis de Marin, l'avait, disait-il, chargé de m'avertir que si je prononçais un seul mot contre lui, son projet était de me mettre à dos le comte de la Blache, etc... Je vous attends, mon bienfaiteur. Vos bontés ne m'ont pas empêché de parler; vos menaces ne m'ont pas réduit au silence.

Ce n'est pas que l'on ne me dise et ne m'écrive tous les jours que vous êtes l'ennemi le plus dangereux, que vous avez un crédit étonnant pour faire du mal, un grand pouvoir pour nuire. Je cherche en vain comment la Gazette peut mener à tant de belles choses, car toutes ces belles choses ne vous ont sûrement pas mené à la Gazette.

On dit aussi que vous avez juré ma perte. Si c'est faire du mal à un homme que d'en dire beaucoup de lui, personne à la vérité n'est plus en état de faire ce mal-là que vous.

Mais lorsqu'on vous confia la trompette de la renommée, était-ce pour corner qu'on vous la mit à la bouche? était-ce pour ramper dans le plus aisé de tous les genres d'écrire, qu'on vous en attacha les ailes? Encore, ne pouvant vous livrer à toute l'âpreté de vos petites vengeances sous les yeux d'un ministre éclairé qui vous veille de près, vous briguez sourdement un paragraphe dans chaque gazette étrangère, où je suis déchiré à dire d'expert. Ainsi, de brigue en brigue, et briguant partout assidûment contre moi, vous trouvez le secret de me dénigrer toutes les semaines, et d'ennuyer l'Europe entière de ma personne et de mon procès.

Pour finir, mon bienfaiteur, nommez-nous donc les personnages à qui j'ai dit : « Je dois trop à Marin pour abuser encore de ses bontés. » C'est, dites-vous, chez un grand seigneur qui m'admettait *alors* à sa table. A cet *alors*, voici ma réponse.

Le grand seigneur chez lequel je vous ai rencontré est M. le duc de la Vallière, auquel depuis douze ans je suis attaché par devoir, comme lieutenant général de sa capitainerie; par respect, c'est un homme de qualité qui a l'esprit solide et le cœur généreux; par reconnaissance, il m'a toujours comblé d'une bonté qu'il pouvait me refuser; par justice, il m'a honoré d'une estime que j'ai méritée; car si l'amitié s'accorde, l'estime s'exige, et si l'une est un don, l'autre est une dette; il n'y a point d'*alors* sur ces choses-là : et si, pour repousser une injure aussi misérable, j'avais besoin d'un témoignage de probité, d'honneur et de désintéressement, d'exactitude et de loyauté, c'est à ce grand seigneur surtout que je m'adresserais, et dont je l'obtiendrais à l'instant. Osez-vous en dire autant d'un seul des gens en place qui se sont servis de vous comme on se sert à l'armée, en certains cas, de certaines gens.... très-bien payés? Mais il est une délicatesse, une pudeur, qu'un homme d'honneur sent mieux qu'il ne l'exprime, et qui, depuis que je suis attaqué par des méchants, m'a fait me renfermer dans le cercle étroit de mes plus chers amis. C'est moi qui.

refusant toute espèce d'avances ou d'invitations, ai dit à tout le monde : Je suis accusé, je ne recevrai point à titre de grâce les témoignages publics d'une estime qui m'est due à titre de justice; et tel qu'un noble Breton dépose son épée, jusqu'à ce qu'un commerce utile l'ait remis en état de s'en parer de nouveau, je ne prétends à l'estime de personne, jusqu'à ce que j'aie prouvé à tout le monde que personne ne doit rougir de m'avoir estimé.

C'est par une suite de cette délicatesse que, dès que j'ai été attaqué, je n'ai pas cru devoir remplir aucune fonction de judicature ou d'autres charges. Un homme attaqué, quand il a l'honneur d'appartenir à un corps, doit se justifier ou se retirer. Quel magistrat oserait monter au tribunal pendant qu'on est en suspens s'il est digne d'y siéger? de quel front irait-il prononcer sur la fortune, l'honneur ou la vie des autres, quand il est lui-même courbé sous le glaive de la justice; et s'asseoir au rang des juges, quand l'attente d'un arrêt l'a presque jeté parmi les coupables? Il faut être connu intact et pur, avant d'oser paraître sous la robe ou le mortier; et l'audace de revêtir ces marques de dignité, si révérées dans l'homme honorable, ne sert qu'à mieux faire éclater l'avilissement d'un sujet dégradé dans l'opinion publique. Le premier malheur sans doute est de rougir de soi; mais le second est d'en voir rougir les autres. Je ne sais pourquoi je vous dis toutes ces choses, que vous n'entendez seulement pas. Je me retire, moi, parce que j'ai quelque chose à perdre... Vous... vous pouvez aller partout.

A vous, monsieur Bertrand.
Avez-vous lu, monsieur, le long mémoire tout saupoudré d'*opium* et d'*assa fœtida*, qui

court sous votre nom ? Je ne vous parle point de la diction, parce que c'est ce qui doit nous importer le moins, à vous et à moi qui ne l'avons pas écrit ; je n'ai fait que l'entre-lire, parce qu'on y sent je ne sais quoi de fade, de saumâtre et de mariné, qui ie rend tout à fait désagréable au goût ; mais comme il a paru sous votre nom, je vais y répondre comme s'il était de vous. Il n'est pas toujours facile, messieurs, dans vos fournitures provençales, de distinguer la facture du vendeur de celle qu'on présente à l'acheteur : allons au fait, je suis pressé, car dans ce moment-ci la foule est aux mémoires. Que dit le vôtre ?

Madame Goëzman a donc toujours juré ses grands dieux qu'elle ne rendrait pas les quinze louis ? En vérité vous le dites tant de fois, qu'on serait tenté de croire que c'est pour moi contre elle que vous écrivez ; du moins jusqu'à la vingt-sixième page, y a-t-il peu de chose qui contrarie cette idée ; et sans la fin du mémoire, sans le fond du sac, où la marchandise étant plus avariée, le goût marin se sent davantage, en vérité je n'aurais que des grâces à vous rendre.

Au reste, si madame Goëzman a dit tant qu'elle ne rendrait jamais *ces misérables quinze louis*, elle les a donc reçus ; car en termes de commerce la banqueroute suppose toujours la recette, comme vous savez : je tâche de parler à chacun sa langue familière, pour être entendu de tout le monde. Le fait des quinze louis une fois bien avéré, et la certitude renouvelée par vous que jamais on n'a sollicité pour moi que des audiences auprès de madame Goëzman, le reste va tout seul.

En vingt-six mots j'ai déjà répondu aux vingt-six premières pages du mémoire du sieur Dairolles-Bertrand ou Bertrand-Dairolles; car il n'importe guère comment les noms s'arrangent sous ma plume, pourvu qu'on sache de qui je veux parler.

Mais qu'ils ont donc l'épiderme chatouilleux, ces messieurs! en voici un à qui je n'ai donné qu'un petit cinglon dans une note de mon supplément, et à qui ce petit cinglon fait verser des flots de bile, et répondre par quarante-quatre pages d'injures.

Le sieur Marin, comme je l'ai établi dans son article, connaissant assez son Bertrand pour savoir que c'est un homme sans caractère, qui a peu de suite dans les idées, toujours aux extrêmes, enthousiaste, exalté comme un grenadier à l'assaut, ou faible comme un pleurard milicien qui voit le premier feu; le sieur Marin, dis-je, s'était flatté qu'en l'effrayant d'un décret certain, d'une condamnation possible, il l'empêcherait de dire la vérité avec une extension qui pût compromettre M. et madame Goëzman; et c'est ce que le sieur Marin avoua devant six témoins chez ma sœur, le jour que M. Goëzman l'accompagna jusqu'à la porte, et qu'il lui lut sa dénonciation, à peu près comme on donne une ample instruction à son plénipotentiaire.

Il faut que Bertrand et vous ne fassiez tous, nous disait-il, que des dépositions courtes, sans parler *de ces misérables quinze louis;* et avant peu j'arrangerai l'affaire.

Mais comment l'arrangera-t-il, M. Marin? Personne n'ayant parlé des quinze louis, la fausse déclaration de Lejay, qui n'en parle pas non plus, restera dans toute sa force, et les faits y contenus n'étant contrariés juridiquement par personne, la dénonciation faite au parlement en acquerra un nouveau prix; et cette manœuvre était (comme dit Panurge, ou plutôt frère Jean) le joli petit *coutelet* avec lequel l'ami Marin entendait *tout doucettement m'égorgiller*. Mais le soin qu'il prit pour me décevoir sur la dénonciation qu'il prétendait être en ma faveur, pendant que j'étais sûr du contraire, m'inspira de la défiance; et l'horreur de lui voir conseiller de sacrifier Lejay m'ouvrit les yeux sur le secret de sa mission.

Il n'y a rien de sacré pour ces gens-ci, me dis-je; il faut redoubler d'attention sur leur conduite, et me trouver demain à l'entrevue des deux compatriotes, Marin et Bertrand.

Enfin, pour ne pas rebattre ennuyeusement tout ce qu'on a lu dans l'article *Marin* (car ces messieurs sont tellement identifiés, que parler à l'un c'est répondre à l'autre), tout le fond de la conduite du sieur Dairolles est appuyé sur deux points capitaux, la mémoire parfaite et l'oubli total.

Par exemple, il se souvient bien qu'il lui est échappé de dire beaucoup de choses, dont il ne se souvient pas le jour de sa déposition.

Mais il se souvient bien que le sieur Marin ne lui a pas conseillé ce jour-là de changer sa déposition.

Il ne se souvient pas des choses que le sieur Marin m'a dites, ni de celles que je lui ai répondues dans son cabinet ce même jour.

Mais il se souvient bien qu'il y a raconté, lui, dans le plus grand détail, ce qu'il avait dit et fait au Palais.

Il ne se souvient pas si les commis de Marin étaient ou non dans son cabinet quand nous y dissertions;

Mais il se souvient bien que nous y restâmes seuls quand le sieur Marin nous quitta pour se raser.

Il ne se souvient pas des choses qu'il a pu dire, en quittant le sieur Marin l'après-midi, à la dame Lépine, à sa sœur, au docteur Gardane.

Mais il se souvient bien que Marin lui dit en propres termes, qu'il fallait qu'il allât chez M. Goëzman; que ce dernier, sachant la vérité de sa bouche, ferait enfermer sa femme, et dirait ensuite au parlement : Je me suis fait justice; car il ne faut pas que la femme de César, etc., etc.

Il ne se souvient pas qu'il ait dit à quatre personnes chez Lejay le lendemain : Ils veulent me faire changer ma déposition; ils me vexent à ce sujet; pour qui me prend-on! je suis vrai dans tout ce qui se dit et fait; je persisterai, j'en ai porté ce matin l'assurance au greffe.

Mais il se souvient bien qu'il a été au Palais, ce jour-là, dire quelque chose dont il ne se souvient plus.

Voilà certes un beau sujet pour le prix de l'académie de chirurgie en 1774. Gagner la médaille en expliquant comment la cervelle du pauvre Bertrand a pu tout à coup se fendre en deux, juste par la moitié, et produire dans sa tête une mémoire si heureuse sur certains faits, si malheureuse sur certains autres? Comment le grand cousin Bertrand a pu devenir tout à coup paralytique d'un côté de l'esprit, et d'une façon si curieuse pour les amateurs, que la partie de sa mémoire qui charge Marin est paralysée sans ressource, pendant que toute la partie qui le décharge est saine, entière, et d'un brillant si cristallin, que les plus petits détails s'y peignent comme dans un fidèle miroir?

Ce sont là, mon cher Bertrand, les petites remarques qui m'ont fait dire dans mon supplément: « N'est-ce pas par faiblesse que ce pauvre Dairolles, qui ne veut pas être nommé Bertrand, etc.? » Vous avez donné une assez bonne explication du motif qui vous avait fait désirer de n'être appelé que Dairolles et non

Bertrand dans mon mémoire. C'était, dites-vous, pour que nos deux noms ne fussent accolés nulle part; car, *dis-moi qui tu hantes, etc.*. Tout cela est joli, mais pas assez simple.

J'avais pensé, moi, que jouer un rôle à deux visages dans cette affaire, sous le nom de Dairolles seulement, cela ne ferait pas de tort au Bertrand qui signe les lettres de change, et qui doit être connu sous ce nom dans le commerce pour un homme vrai, s'il veut conserver quelque crédit.

Mais comment vous et Marin, qui avez de l'esprit comme quatre et du sens commun, avez-vous pu vous tromper à cette expression de *pauvre un tel*, qui ne se dit jamais sans qu'un geste d'épaule en fixe le vrai sens? Quoi! vous avez cru que je parlais de vos facultés numéraires? Lorsqu'on dit d'un homme ce pauvre un tel, ce n'est jamais dans le sens d'*esurientes implevit bonis, etc.*, mais toujours dans celui de *beati pauperes spiritũ*. Voilà, mon cher psalmiste, ce que vous ne pouvez pas honnêtement ignorer, vous qui parlez latin comme madame Goëzman. Mais vous croyez peut-être que je vous trompe sur la pitié que votre mémoire inspire; tenez, lisez avec moi.

(Page 15.) « En effet, je ne parle pas au sieur Gardane, mais à des juges respectables qui n'ont pas de peine à supposer des sentiments honnêtes à d'honnêtes citoyens. » Ainsi vous apportez en preuve de votre probité la supposition que les juges doivent faire que vous êtes honnête parce qu'ils sont respectables. Est-ce là raisonner? Je m'en rapporte. « Et ils avoueront (les juges) de bonne foi que si le sieur Marin m'avait tenu ce discours (de changer la déposition), j'en aurais été indigné; toute considération aurait cessé; j'aurais consigné dans mes interrogatoires cette

proposition ; et dans ma confrontation avec
lui, je l'aurais certainement interpellé sur le
fait en question ; or, cela n'est pas arrivé, ce
fait est donc un mensonge avéré de la part
du sieur Gardane. » Qu'est-ce que tout cela
veut dire? Mettons-le en français. » Les juges
(qui ont décrété Bertrand) avoueront de bonne
foi que, si Marin avait tenu ce propos (à Bertrand son agioteur), Bertrand, indigné, l'aurait consigné au procès (ce qui aurait nui à
Marin) ; or Bertrand n'a pas consigné ce fait
contre Marin (qui tient la bourse de tous
deux) ; donc Gardane est un imposteur de l'a-
voir dit. » Et l'on appelle cela des défenses !
C'est de bel et bon galimatias double, où l'auteur ne s'entend pas plus qu'il ne se fait entendre aux autres. Réellement je vous croyais
plus avancé dans la composition. Mais ceci
me paraît être du Marin tout pur.

C'est encore une chose assez curieuse que
de voir comment ces messieurs s'accordent
sur les faits. Je prends au hasard le premier
trait qui me tombe sous la main ; et il est
d'autant plus grave, qu'il s'agit ici de la première impression que firent sur tout le monde
la colère et les menaces de M. Goëzman ; et
que cette impression, qui a dirigé les premières démarches de chacun, a dû au moins laisser d'elle un souvenir très-net. Ecoutons raconter ces messieurs. « Sitôt que je l'appris,
dit Bertrand (page 8 de ce mémoire), j'allai
chez le sieur Marin, et je le priai instamment
de voir M. Goëzman, et d'engager ce magistrat à se trouver chez lui, où je me rendrais,
et tâcherais de l'engager à ne faire aucun
éclat. Sitôt que je l'appris, dit Marin (page 3
de son mémoire), je m'efforçai de persuader
au sieur Bertrand de voir M. Goëzman, et de
lui dire tout ce qu'il savait. »

Je ne vous le fais pas dire, messieurs, je

vous copie fidèlement; mais quelle volupté pour moi de montrer à la cour le doux ami Marin et le grand cousin Bertrand, à genoux l'un devant l'autre, sur le fait le plus important du procès! Marin, les bras étendus *s'efforçant de ... rsuader à Bertrand* (qui résistait apparemment) *de voir M. Goëzman* POUR L'APAISER; et Bertrand les mains jointes, *suppliant instamment Marin* (qui sans doute n'en voulait rien faire, *de lui procurer l'occasion de voir ce magistrat* POUR L'APAISER.

Et pourquoi tant de maladresse, je vous prie, pour tâcher de persuader au public que j'avais grand'peur, et que Marin et Bertrand me rendaient à l'envi le signalé service d'intercéder pour moi auprès de M. Goëzman.

Mais cette contradiction entre les deux compatriotes jette un grand jour sur ce qu'ils ont tant intérêt de cacher à la cour, le conseil donné par Marin de changer la déposition. On a vu Bertrand (p. 8 de son mémoire) prier le sieur Marin *de l'aboucher avec M. Goëzman pour l'apaiser.* Mais voici bien autre chose (p. 10). « Le sieur Marin me conseilla d'aller voir M. Goëzman, qui me recevrait bien; il ajouta que ce magistrat, instruit par moi-même de tous les faits, prendrait sans doute des moyens pour arrêter les suites de cette affaire; qu'il ne fallait pas que l'amitié que je portais à la maison du sieur de Beaumarchais me fît manquer aux égards qu'on devait à un magistrat honnête, intègre et vertueux. Je rentrai chez moi; *j'étais troublé de tout ce qui se passait*, absorbé dans mes idées; on s'aperçut de cette altération. On me questionna beaucoup; je rendis compte de la situation de mon âme; *je dis que j'étais occupé du conseil que le sieur Marin m'avait donné d'aller voir ce soir M. Goëzman. Que dirai-je? Comment me recevra-t-il? Ma déposition est faite, que résultera-t-il de cette visite ?* J'aime mieux ne point aller chez lui. »

Ainsi donc le sieur Bertrand, si empressé de voir M. Goëzman, et qui demandait si instamment au sieur Marin l'entrevue avec ce magistrat, est troublé, et n'ose plus se présenter chez lui sitôt qu'il a déposé : *Que lui dirai-je? comment me recevra-t-il?* MA DÉPOSITION EST FAITE. Mais puisque cette déposition faite troublait le sieur Bertrand et l'éloignait de M. Goëzman, pourquoi le sieur Marin, qui n'ignorait pas la déposition, insistait-il à l'y envoyer? Pourquoi l'encourageait-il à faire cette démarche? Et lorsqu'il dit (selon Bertrand) « qu'il ne fallait pas que l'amitié qu'il portait à la maison du sieur de Beaumarchais le fît manquer aux égards dus à un magistrat honnête, intègre et vertueux, » ne supposait-il pas que la famille de Beaumarchais avait suggéré la déposition du sieur Bertrand? Ne préjugeait-il pas en faveur de M. Goëzman? N'engageait-il pas le sieur Bertrand à aller voir ce magistrat, pour convenir des moyens qu'il y aurait à prendre, afin de faire une déposition différente de celle que le sieur Bertrand avait faite, et que le sieur Marin supposait *dictée par la famille de Beaumarchais* contre un magistrat respectable et vertueux ?

Voilà donc en substance le conseil de changer la déposition donné par Marin et l'injure faite à la famille de Beaumarchais, constatés par les mémoires de ces messieurs, injure que le sieur Marin, comme on le voit, préméditait d'avance et qu'il a prodiguée depuis dans son mémoire.

Reste à jeter, monsieur Bertrand, un coup d'œil sur votre confrontation avec le docteur Gardane, dont vous nous donnez une version à votre manière, c'est-à-dire bonne pour ce

qui vous profite, et louche sur ce qui l'intéresse.

Vous avez là une singulière maladie! mais
ce docteur dont le cerveau est bien entier,
ses deux lobes également sains, vient de présenter une requête au parlement, afin d'obtenir une réparation d'honneur, avec affiche de
l'arrêt, pour toutes les horreurs dont vous
avez voulu le souiller : cela ne fait rien à
notre affaire.

Mais ce qui y fait beaucoup est la partie de
cette confrontation où ce médecin vous reproche d'être venu pâle et l'air égaré chez la
dame Lépine un jour, devant neuf personnes,
lui dire : « Mon ami, tâtez-moi le pouls, je
dois avoir la fièvre. Ah! messieurs, je viens
de les prendre les mains dans le sac : c'est
une horreur, je suis perdu; vous l'êtes aussi,
M. de Beaumarchais. Je viens de dîner chez
une dame avec quatre conseillers de grand'-
chambre, qui, ne me connaissant pas, se sont
expliqués sans ménagement sur l'affaire, et
ont fini par assurer que l'intention du parlement était de traiter sans pitié Lejay, Bertrand et Beaumarchais, pour avoir osé toucher à la réputation du magistrat le plus intègre, etc. »

Je me rappelle fort bien tous ces faits, et
comment vous refusâtes obstinément de me
dire le nom des quatre conseillers; comment
je me mis en colère et comment enfin je résolus de n'avoir plus aucun commerce avec
un homme aussi faux et aussi faible.

L'anecdote du cartel intercepté, dont parle
la confrontation, est apparemment la suite de
cette colère.

Mais que vouliez-vous donc dire, monsieur,
en m'invitant à prendre une épée d'or? Est-ce
que vous aviez posé pour loi de ce combat

que la dépouille du vaincu resterait au vain-
queur? Les gens de votre état ont beau être
en colère, ils ne perdent jamais la tête.

Mais quelle est enfin cette affreuse histoire
des quatre conseillers? Était-ce encore un
piège de Marin? Car on m'en a tendu mille
en trois mois, pour m'engager à faire une
fausse démarche. Était-ce un leurre ou une
vérité? Comme ce fait intéresse l'honneur de
la magistrature, et qu'il importe autant au
parlement qu'à moi qu'il soit éclairci, avant
de juger l'affaire, je supplie la cour d'ordonner qu'il soit informé scrupuleusement sur ce
fait; que les neufs témoins soient entendus;
que le sieur Bertrand soit interrogé sur le
nom de la dame, sur celui des convives du
dîner, sur leurs discours, etc., etc.

Dans une affaire aussi importante, un tel
examen n'est pas à négliger. Ou le sieur Bertrand est un fourbe, qui doit être puni pour
avoir calomnié quatre magistrats sur le point
le plus délicat de leur devoir, dans la seule
vue de nous effrayer; ou les quatre conseillers
reconnus doivent être suppliés de vouloir bien
se dispenser de juger dans une affaire sur laquelle ils ont montré tant de partialité.

Jusqu'à ce moment nous avions tous aimé
ce Bertrand, quoiqu'il soit entaché du petit
défaut d'altérer toujours la vérité; mais il y
a beaucoup de gens en qui l'habitude de mentir est plutôt un vice de l'éducation, une faiblesse, un embarras de savoir que dire, qu'un
dessein prémédité de mal faire. Et dans le
fond cela revient au même. Une fois connus,
ce n'est plus qu'une règle d'équation très-ai-
sée, et qui ne gêne personne. *Il a dit cela, donc
c'est le contraire*; et les choses n'en vont pas
moins leur train.

Mais, pour cette aventure, elle est trop sé-

rieuse, il n'y a pas moyen d'y appliquer notre
équation. Qui sait si l'éclaircissement de ce
fait ne nous montrera pas le nœud caché de
toute l'intrigue entre Bertrand, Marin et con-
sorts?

> Tel qui croyait n'avoir harponné qu'un marsouin,
> Amène quelquefois un lourd hippopotame. (R. S. 4.)

En courant une chose, on en rencontre une
autre, et c'est ainsi qu'un cénobite allemand,
en cherchant le grand-œuvre dans la mixtion
de divers ingrédients méprisables, n'y trouva
pas à la vérité la poudre d'or qui devait enri-
chir le genre humain, mais découvrit, chemin
faisant, la poudre à canon, qui le détruit si
ingénieusement. Ce n'est pas tout perdre ; et,
comme on voit, en toute affaire il est bon de
chercher, informer, scruter : aussi espéré-je
que la cour voudra bien ordonner qu'il soit
informé sur le fait des quatre magistrats,
avant de s'occuper de l'examen des pièces du
procès.

La fin de votre mémoire, monsieur, n'a aucun rapport à l'affaire présente ; mais il n'est
pas moins juste de vous donner satisfaction
sur tous les articles.

A l'occasion d'une lettre que le sieur Marin
vous a forcé de lui écrire, et que j'ai osé prévoir n'être jamais préjudiciable qu'à vous,
vous me reprochez les services que vous avez
bien voulu me rendre, et dont j'ai toujours été
très-reconnaissant : cela est dur.

Je vous dois, dites-vous, le luminaire du
convoi de ma femme que vous m'avez fourni.
A la rigueur cela se peut : j'ai même quelque
idée que depuis cet affreux événement, qui a
renversé ma fortune encore une fois, l'épicier
de la maison s'est plaint qu'un autre eût fait
le bénéfice de cette petite fourniture : je lui

dis alors ce que je vous répète aujourd'hui. Abîmé dans la douleur de la perte d'une femme chérie, vous sentez que tous les détails funéraires, confiés à quelque ami, m'ont été absolument étrangers.

Mais à cette époque il a été payé chez moi pour trente-neuf mille francs de dettes, mémoires ou fournitures; comment avez-vous négligé de parler de la vôtre alors? Était-ce pour me rappeler un jour au p'us affreux souvenir, en me demandant, par la voie scandaleuse d'un mémoire imprimé, 150 ou 200 livres, qui vous auraient tout aussi bien été payées que d'autres mémoires de vous, du même temps, que je trouve acquittés pour huile, anchois, etc?...

Vous avez depuis été chargé par moi d'un billet de deux mille livres que j'ai été obligé de rembourser par l'insolvabilité du vrai débiteur, et que j'ai chez moi; s'il vous est dû des frais de poursuite, de courtage, escompte, etc..... ou même quelque appoint, je suis bien éloigné de vous refuser le juste salaire de vos soins en toute occasion.

Le jour qu'il a plu au roi de me rendre à ma famille, à mes affaires, mes parents accoururent m'apporter cette bonne nouvelle en prison. On est toujours pressé de quitter de pareils domiciles; mais le loyer, le traiteur, le greffe, les porte-clefs, tout est hors de prix dans ces maisons royales : je me rappelle bien que je vidai ma bourse, et que ma sœur, pour compléter la somme et m'emmener bien vite, tira douze louis de sa poche, et que je ne l'embrassai seulement pas pour la remercier ce service.

Comment donc arrive-t-il aujourd'hui que vous, qui aviez à la vérité d'excellentes raisons pour ne pas me visiter en prison, et qui, le seul de tous les gens de ma connaissance, n'avez jamais osé y mettre le pied, vous vous trouviez mon créancier de douze louis que vous ne m'avez pas prêtés pour le fait de ma sortie? Pour cet article, monsieur, comme je l'ai remboursé à ma sœur, qui me l'avait avancé, permettez qu'il soit rayé de votre mémoire; et puisque les bons comptes font les bons amis, pour le petit restant que je puis vous devoir, vous avez de moi depuis un an deux effets de cent louis chacun, dont j'ai espéré que vous voudriez bien me procurer le payement (en reconnaissant vos peines, bien entendu), vous m'obligerez de m'acquitter envers vous par vos mains; ou s'ils sont d'une trop longue rentrée, le sieur Lépine, mon beau-frère, dont vous connaissez les talents, la fortune indépendante, le grand commerce et le crédit, et dont vous paraissez autant révérer l'honnêteté que j'aime sa personne, a dans ses mains un effet de quatorze mille francs à moi, sur le roi, dont il s'est chargé de solliciter le payement; il voudra bien vous tenir compte de trois ou quatre cents livres, si je vous les dois, et nous serons quittes.

A toutes les amères tirades dont votre mémoire est plein à ce sujet, j'avais d'abord ainsi répondu :

On sait qu'il y a beaucoup de gens du Sud à Paris, dont l'unique métier est d'obliger tout le monde. Y a-t-il un mariage dans une famille? ils ont des gants, des cocardes et des odeurs : un repas? des olives, du thon, du marasquin : des besoins? de l'argent et un dépôt tout prêt pour vos effets : un voyage? des courroies, des malles, des selles et des bottes : et puis, à propos de bottes, ils prétendent à la reconnaissance en présentant le mémoire.

Tout considéré, j'ai eu peur que cette réponse ne vous offensât; je l'ai retranchée
pour y substituer le détail plus sérieux que
vous venez de lire, et j'espère que vous m'en
saurez gré.

FIN DU TOME PREMIER.

Paris. — Imprimerie Nouvelle (association ouvrière), 11, rue Cadet.
A. Mangeot, directeur. — 676-93

www.ingramcontent.com/pod-product-compliance
Lightning Source LLC
Chambersburg PA
CBHW070355090426
42733CB00009B/1429